JACQUES MARTIN

DES MÊMES AUTEURS

Grégory, sur les pas d'un ange, L'Archipel, 2007.

BRIGITTE HEMMERLIN
VANESSA PONTET

JACQUES MARTIN

L'EMPEREUR DES DIMANCHES

préface de Jacques Chancel

l'Archipel

www.editionsarchipel.com

Si vous souhaitez recevoir notre catalogue et être tenu au courant de nos publications, envoyez vos nom et adresse, en citant ce livre, aux Éditions de l'Archipel,
34, rue des Bourdonnais 75001 Paris.
Et, pour le Canada, à
Édipresse Inc., 945, avenue Beaumont,
Montréal, Québec, H3N 1W3.

ISBN 978-2-8098-0074-6

À Georges Folgoas qui, malgré
la maladie, nous a accordé
une dernière interview

Préface,
par Jacques Chancel

Il craignait tant de n'être pas aimé qu'il entrait facilement en indifférence, imposant à ses proches des distances qu'il n'appréciait guère. Toute critique lui était insupportable. Ce n'était pas vanité, seulement douleur. Jacques Martin exhibait au grand jour, sur petite lucarne, ses éclats de comédie pour n'avoir pas à dévoiler ses sentiments profonds, sa permanente angoisse. La pudeur lui semblait une protection, la méchanceté une arme dissuasive. Il se voulait tiraillé entre humour, tendresse et peur. Il savait bien des choses, plus que beaucoup d'autres, mais son ignorance du bonheur faisait notre étonnement. Il en avait conscience : « J'ai triomphé à ma manière dans quelques domaines, mais je ne réussis toujours pas à être heureux. »

Je me suis demandé si c'était bien à moi d'écrire cette préface. Paul Ceuzin, son complice, associé, avait plus de motifs de dire la vérité. Mais j'ai cru y trouver une certaine justification.

Jacques, dans des moments où il ne lui paraissait pas regrettable de se souvenir, me disait : « Tu es le responsable de mon arrivée à Paris. »

C'est déjà une vieille histoire. J'étais un jeune journaliste, impatient, passionné, je m'éblouissais de l'inattendu, je me cherchais à travers les autres,

« Radioscopie » s'offrait alors comme rampe de lancement. J'y avais reçu Germain Muller, l'Alsacien modèle, poète et philosophe, rencontré à Strasbourg. « Nous tenons ici, m'avait-il confié, un énergumène qui devrait vous intéresser. L'exact personnage d'une comédie musicale. Retenez son nom : Martin… »

Quelques semaines plus tard, un dimanche, dans mon bureau du quotidien *Paris Jour*, Faubourg-Montmartre, regardant par hasard une émission de la station alsacienne retransmise par la chaîne nationale, je découvre une sorte de Frégoli, possédant lui aussi un don de transformation peu ordinaire, tour à tour chanteur, danseur, mime, imitateur, pamphlétaire, capable de remplir à lui seul cent rôles différents. Enthousiasmé par cette performance venue de province, j'écris aussitôt un long papier en forme d'éloge, titré « La Révélation ». Aux dernières lignes, je suggère que la télévision gagnerait à l'accueillir à Paris. Au téléphone, le lendemain, Jacques Martin, m'annonce : « Merci, j'arrive. » Nous avons parlé de cet épisode à l'hôtel du Palais, à Biarritz, où je le voyais pour la dernière fois, si mal, si loin de tout, mais tellement bien accompagné, par Jean-Louis Leimbacher, le directeur général de l'établissement qui lui aura donné d'ultimes mois de douceur, et aussi par Leïla et Gaby, quotidiennement occupés à lui faire croire qu'il y avait encore des bonheurs de table. Bien sûr, nous eûmes des feux de joyeusetés aux temps héroïques de ses marches impériales, avenue de Wagram. Je n'ai rien oublié de nos turbulences au Comité des programmes d'Antenne 2 où, en fin de service, nous chantions, mêlant les cantiques aux romances païennes. Jacques excellait dans les deux exercices. Il proclamait avec le plus grand sérieux : « Nous touchons au divin après chacune de nos interventions », prenant à témoin les fidèles du jeudi soir, Contamine, Pivot, Tchernia, Drucker, Jammot, tous gens de bonne compagnie. Vous verrez dans cet ouvrage ce que furent les années Martin où s'affichait la belle impertinence du « Petit Rapporteur », de la « Lorgnette », sa tendresse pour les enfants. Vous constaterez aussi de quelle inconstance il fit preuve pour ne pas être totalement lui-même. Il était assez doué pour explorer tous les genres et s'y anéantir. Je lui en faisais parfois le reproche, il persistait dans cette certitude : « Je vais droit sur des lignes courbes. » Il ajoutait, ironique : « Nous avons les mêmes gourmandises, toi et moi, mais nous n'habitons plus le même univers. J'ai fait de la vie, publique et privée, une comédie. Je suis dans le virtuel, tu fréquentes le réel. Qui triche ? »

Aux dernières secousses de son existence, je n'étais plus là ; j'avais compris, à Biarritz, qu'il fallait respecter sa solitude. Les plus proches n'étaient à la vérité que des passants. Il m'avait regardé, l'œil allumé : « Crois à ma lucidité, fût-elle malmenée par les événements… C'est vrai, j'ai fait tant de choses, trop de choses, mais j'aurai eu la satisfaction de jouer *La Belle Hélène*, d'honorer Offenbach… Ma souffrance, elle, vient d'une traîtrise : on m'a volé mes dimanches et mon empire. Point final. »

Jacques Martin appartient désormais à l'histoire de la télévision, qui s'invente déjà des légendes. Il est du patrimoine français. Unique en son genre. Si loin des éphémères qui meublent nos écrans le temps d'une saison. A-t-il été aimé comme il en rêvait ? Il a l'estime et le respect, c'est bien plus glorieux.

Jacques Chancel

Avant-propos

Jacques Martin est né le 22 juin 1933. « Le jour où Hitler a pris le pouvoir. C'est pour cela que ma mère s'en souvient », confiait-il à son ami Jacques Chancel. La phrase est amère. Elle résume, à elle seule, toute la rancœur de Jacques Martin, animateur préféré des Français pendant trente ans, vedette incontestée et incontestable du petit écran et grand amuseur devant l'Éternel. Cette phrase-là est, à peu de chose près, tout ce qu'il a jamais confié au grand public de sa petite enfance.

Incroyable mais vrai. À l'heure où la vie privée des artistes – chanteurs, comédiens, danseurs –, sans oublier les hommes et bien sûr les femmes politiques, s'étale à la une d'une presse toujours plus indiscrète, un homme, un seul, a su se taire, mettre un bâillon sur la souffrance, faire mine d'oublier le malheur des premières années. Naître à la scène et au succès sans jamais se dévoiler. Ou si peu ! Quelques lignes dans un journal. Quelques mots à un ami. Un soupir devant une église. Un sourire méchant au détour d'une question. Par sa pudeur, Jacques Martin ne facilite pas la tâche de ceux ou de celles qui, à travers l'animateur, cherchent l'enfant. Pour le débusquer, il faut ruser, observer. Écouter. Lire entre les lignes. Grappiller, de-ci, de-là, des bribes de souvenirs le plus souvent insupportables. Une quête longue, difficile, peu productive à dire vrai. Même si, au bout du compte, on finit par peindre, à petites touches, un portrait, fût-il flou, de l'artiste et de son entourage familial. Ce portrait a été dressé avec l'aide des proches de Jacques Martin, amis et professionnels, mais aussi grâce aux très nombreuses interviews accordées par l'animateur lui-même. Les pistes que nous avons suivies conduisent toutes aux mêmes sources. Celles d'un destin hors du commun, exemplaire parfois.

1

« Il osait se moquer et avait trois mille idées à la seconde.
Avec de l'humour, il se permettait tout.
Toutes les idées se retrouvaient autour de la cuisine,
qui était aussi sa grande grande passion. »

(Danièle Évenou)

D'abord, il y a le grand-père maternel, Johannès Ducerf. Un homme, Ducerf ? Non : une légende ! Grand cuisinier, il n'a pas son pareil pour créer des plats ressemblant à des œuvres d'art. D'où tient-il son talent ? Comment a-t-il acquis le goût des fourneaux ? Ce qui est sûr, en tout cas, c'est que cet athlète au visage barré d'une énorme moustache mijote, pare, rôtit, barde comme aucun autre. Un artiste aux allures de Gargantua qui fait ses achats comme on peint. Chaque pièce de viande est traitée avec les plus grands égards. Chaque légume est regardé avec amour. Derrière ses fourneaux, Ducerf fait naître tout un monde de saveurs et d'odeurs inimitables, de quoi faire venir l'eau à la bouche aux plus difficiles des convives. Rien d'étonnant alors si cet homme issu de la France profonde conquiert les grands de ce monde, à commencer par le Kaizer, le prince Demidoff lui-même.

Retour en arrière. Nous sommes à l'aube du XXe siècle. La Première Guerre mondiale n'a pas encore éclaté. L'Alsace et la Lorraine sont des provinces allemandes. En France, les revanchards commencent à peine à donner de la voix. Jaurès est toujours en vie. Son parti se porte bien. Mais, dans sa bonne ville de Lyon, Johannès Ducerf se moque de la politique. Ce qui l'intéresse, ce sont les recettes qu'il concocte chaque jour. À lui, on l'imagine, le velouté de lentilles, accompagné comme il se doit de saucisses de Francfort coupées en rondelles, la salade chaude de pieds de veau et de poireaux vinaigrette, sans oublier bien sûr la très simple mais très goûteuse cervelle de canut au radis noir. Ducerf est connu comme le héraut de la cuisine à Lyon. Ses talents sont sollicités par de nombreuses personnalités, dont Nicolas II, qui, à cette époque, est encore le tsar de toutes les Russies.

À l'Est, la révolution gronde. Lénine, Trotski, Bakounine tentent déjà de soulever les foules. À la Cour, un certain Raspoutine appose ses mains de guérisseur renommé sur le Tsarévitch, atteint, on le sait, d'hémophilie. L'empire chancelle, le peuple meurt de faim, mais tout cela n'empêche pas Nicolas II d'inviter Johannès Ducerf à sa cour. Inviter ? Le mot est mal choisi. Quand Nicolas II réclame, cela a tout l'air d'une exigence. Ducerf, flatté, accepte de bon cœur de faire ses malles et de gagner Moscou. Il y emmène une épouse qui déteste pêle-mêle l'étiquette, la ville trop sale à son goût, et le climat, qui lui donne de l'asthme.

Durant quelques années, Johannès Ducerf prospère à la cour de Nicolas II. Pour exercer son art, il a carte blanche. Il peut acheter les meilleurs produits, les viandes les plus tendres, les fruits les plus mûrs.

Dans une Russie exsangue où la population subit la famine, il mitonne des plats toujours plus originaux et savoureux. L'une de ses spécialités est la patte d'ours dûment accompagnée d'une exquise confiture de groseilles. Tout à ses préparations, Johannès se moque comme de sa première béarnaise de la politique. Pour lui, bolcheviks et mencheviks, blancs et rouges, monarchistes ou révolutionnaires ne représentent qu'une seule chose : des convives potentiels. Heureusement, sa femme souffre de l'exil. « Elle a mis le marché en main à mon grand-père, dira plus tard Jacques Martin. C'était la France ou le divorce. Elle a eu du nez. Un an de plus, et ils auraient fini par être fusillés avec leur patron... » Au lieu de quoi les Ducerf rentrent chez eux et, grâce à leurs confortables économies, ouvrent un restaurant. Mais, même loin du tsar de toutes les Russies, pas question de renoncer à la grandeur et au prestige. L'Universel est situé en plein centre de Lyon, place des Terreaux. Jadis de sinistre réputation parce qu'on y exécutait les condamnés à mort, l'endroit est, dans les années 1920, très à la mode. Le restaurant est un grand bâtiment de belle allure, à l'enseigne composée de lettres d'or. Dans la grande salle, pas un détail ne cloche. Tables garnies de nappes blanches damassées avec serviettes assorties, couverts étincelants, assiettes de fine porcelaine, verres de cristal... Et ce n'est rien à côté des cuisines ! Une brigade de marmitons s'affaire derrière les fourneaux, dûment chapitrés par le maître. Parmi eux, un certain Bocuse.

« C'était mon père ! », nous confie aujourd'hui Paul Bocuse avec respect. Ducerf l'a initié. Il a précieusement gardé le certificat de travail signé de sa main. « Voilà quelques années, je l'ai remis moi-même à Jacques Martin. Il en était fier ! »

Même s'il n'a jamais connu son grand-père, mort en 1933, Jacques Martin fera de la cuisine une tradition familiale. Sans doute aurait-il adoré l'Universel, paré des mille lumières diffusées par les lustres accrochés au plafond. Une belle « affaire », comme on dit à l'époque. Germaine, remise de son exil russe, trône à la caisse et gratifie les clients de son sourire enjôleur, ce qui lui vaut quelques scènes d'un mari que l'on dit très jaloux.

Oui, Jacques Martin aurait adoré l'Universel. De cette époque, il a d'ailleurs conservé comme le plus beau des souvenirs un cliché jauni par le temps. Le photographe a immortalisé le restaurant et sa façade rococo, devant laquelle sourient le patron et tous ses employés. Au centre, Johannès, la moustache fière, l'œil pétillant. Un gaillard heureux de sa réussite, même s'il lui manque ce fils qui aurait pu reprendre sa place derrière les fourneaux.

Car les Ducerf n'ont hélas eu qu'une fille, prénommée Germaine, comme sa mère. Elle aussi a le goût de la cuisine. Mais, à cette époque, pas de marmiton de sexe féminin. Comme il se doit, Germaine, que son père, à force de travail, n'a pas vu grandir, est derrière la caisse, avec sa mère. À 16 ans, elle aussi sourit aux clients. Et voilà même qu'elle tombe amoureuse d'un certain Martin, industriel en soieries. Un beau garçon d'allure virile, qui aurait bien aimé, avant d'embrasser son métier plutôt austère, être comédien. Ou humoriste. Bref, monter sur scène. Malheureusement, il ne réalisera pas son souhait. Après avoir épousé Germaine, et pour subvenir aux besoins de sa famille, il se spécialise en effet dans la confection de toiles de parapluie. Signe des temps ou mauvaise gestion, l'entreprise fait faillite, tout comme le couple, qui finit par se séparer. Ruiné, seul, Martin sombre peu à peu dans la boisson. Cinq ans plus tard, il disparaît, laissant deux orphelins sans souvenirs : Michelle et Jacques.

« Ma famille possédait un appareil de projection très cher, une sorte de caméra de poche, confiera Jacques Martin à *Paris Match*. Grâce à l'une de mes cousines, à 56 ans, j'ai pu voir en film mon père. Je l'ai vu vivre, moi qui ne l'ai jamais connu. Je l'ai vu sortir d'une maison, marcher. Ce bonhomme qui marchait sur ce film... C'est étonnant de voir son père debout ! »

1939. La Seconde Guerre mondiale vient d'éclater. À Lyon comme partout ailleurs, on mobilise. Germaine Martin décide de refaire sa vie. Elle, encore si jeune, ne peut se résoudre à rester veuve, seule avec deux petits enfants. Elle se remarie avec un certain Grisard, dont elle aura un fils, Alain. Quant au petit Jacques, elle décide de le confier aux jésuites qui, elle en est certaine, lui donneront une excellente éducation. De fait, les « bons pères » ne failliront pas à leurs principes : plus tard, Jacques Martin n'aura de cesse d'évoquer, à mots couverts, le calvaire qu'il a enduré auprès d'eux.

Un dortoir glacé, des enfants qui dorment encore, recroquevillés sous leurs draps. Il est 6 heures. L'heure de se réveiller dans ce pensionnat huppé des environs de Lyon. Mais ici, au lever, il n'y a ni baiser ni encouragement. Juste quelques claquements de mains du responsable des « petits », comme on les appelle. Des gosses âgés de 5 à 10 ans, qui ouvrent les yeux les uns après les autres. Parmi eux, le petit Jacques, qui effectue sa première rentrée en classe de onzième, notre cours préparatoire. Il est arrivé depuis un mois, mais il ne s'est toujours pas habitué à la discipline qui règne dans l'établissement. Tous les matins, à la même heure, à l'aube d'une nouvelle journée, il sent les larmes lui monter aux yeux. Il se lève pourtant ; que pourrait-il faire d'autre ? Il fait son lit, au carré, comme on le lui a appris. Un drap et des couvertures tirés à la militaire, sans un faux pli. Une toilette de chat sous un filet d'eau courante, froide bien sûr. Cet hiver, elle sera gelée. Ensuite, il faut passer l'uniforme : culotte courte bleu marine et pull gris sur chemise blanche, avant de prendre la direction de la chapelle, pour la messe. De ces offices, Jacques Martin se souviendra toute sa vie. Il en tirera d'ailleurs quelques sketchs. On l'imagine, si petit, agenouillé sur un prie-Dieu, le ventre vide, les yeux pleins de sommeil. L'odeur d'encens aiguise encore sa faim, à moins qu'elle ne fasse monter à ses lèvres une vague nausée. Dans la chapelle, les enfants sont silencieux, c'est à peine si les plus délurés se poussent du coude. Ici, on prie et on se tait. On chante aussi des chants latins qui montent jusqu'à la voûte et se brisent sur ses arcanes. Comme les autres, Jacques Martin entonne le *Veni, creator* ou l'*Agnus Dei*. Comme les autres, il regarde le curé en soutane brandir le calice rempli du sang du Christ tel un trophée. Comme les autres, il pousse un soupir de soulagement quand, enfin, il entend l'*Ite, missa est* libérateur. La messe est finie. La journée commence, toujours la même, à croire que le temps a décidé de faire des spirales et de revenir toujours au point de départ. Ici, chez les jésuites, on grandit sans s'en rendre compte, tant le rythme des jours est immuable et tant on s'ennuie.

« Messieurs, entrez dans le réfectoire en rang... »

Place au petit déjeuner. Pas besoin de montre. Il est 7 h 30 pile. Des bols sont posés sur de grandes tables de bois. Au menu : café au lait – le même que celui servi dans les hôpitaux ou les prisons – et pain sec, que les plus riches agrémentent parfois de beurre et de confiture. La seule douceur d'une journée qui se décline ensuite entre cours et récréations, étude et vêpres, confession et nettoyage du dortoir. Comme les autres, Jacques Martin apprend à lire, à écrire, à compter. Comme les autres, il joue au ballon, à la marelle, à chat perché. Deux fois par semaine, il débite, dans le secret du confessionnal, toute une série de menus péchés. Il prie sans conviction un Dieu auquel il ne croit qu'à moitié.

Le tout, bien sûr, sous la houlette sévère de prêtres qui prêchent l'amour mais ne le donnent pas au quotidien – c'est du moins ce qu'il confiera plus tard. Car les bons pères, pour le petit Jacques, se transforment plutôt en pères Fouettard. Il expliquera que les sévices physiques étaient, en ce temps-là, monnaie courante : « L'un des curés prenait un malin plaisir à tirer les élèves de leur lit, tard dans la nuit, et à les accompagner dans sa propre chambre, où il leur demandait de se dévêtir et de se mettre à genoux à même le sol. » Une attitude qui, de nos jours, serait passible de sanctions pénales mais qui, à cette époque, était considérée comme normale, voire « profitable aux enfants ». Du coup, les élèves encaissent les brimades sans dire un mot. Et chaque jour qui se lève ressemble au précédent. Jacques est en dixième. En neuvième. En huitième. En sixième, bientôt, où il commence à apprendre le latin. Les déclinaisons, il ne s'y intéresse guère. Plutôt que d'ânonner *« rosa, rosa, rosas »*, il préfère rêver à des jours meilleurs en regardant par la fenêtre. Ou bien faire rire ses petits camarades...

« Monsieur Martin, suivez-moi. »

1945. Voilà six ans que Jacques Martin est élève des jésuites. Ses résultats scolaires sont, il faut bien l'écrire, plutôt mauvais. Son attitude en classe n'est guère meilleure. Martin oublie de faire ses devoirs. Il répond aux professeurs. Pire encore, il dissipe ses camarades. La preuve ? Hier, il leur a raconté une histoire cochonne. L'un d'eux, choqué, est allé se plaindre aux bons pères. Et voilà son directeur d'études qui l'apostrophe devant toute sa classe et qui le cloue au pilori. « Je m'en souviens comme si c'était hier, dira-t-il bien plus tard à Jacques Chancel. J'ai été humilié, pour rien, en plus ! »

Pourtant, au fil de toutes ces années d'enfermement, il trouve quelques rares bonheurs, à commencer par celui de la lecture.

Racine. Corneille. Rousseau et Montesquieu. Mais aussi Lamartine et Saint-Exupéry, Alexandre Dumas et Bernardin de Saint-Pierre. Pour Jacques Martin, reclus dans son pensionnat, chaque auteur est une porte ouverte sur un monde nouveau. Entre deux punitions, entre deux devoirs, entre deux offices, les week-ends au cours desquels il est consigné, il lit. La prose l'enchante. Le théâtre l'émerveille. Et sans doute doit-il aux livres de ne pas s'être totalement recroquevillé sur lui-même dans une totale misère affective. Loin du réel, il vibre avec Edmond Dantès, apprivoise le renard du *Petit Prince*, scande les strophes magiques du *Cid*. Un jour, il en est sûr, lui aussi trouvera la force d'écrire. Il sera auteur, égalera Swift et Dickens, Baudelaire et Dante. Sans doute, à cette époque, s'essaie-t-il à tracer les lignes de ce qui deviendra son premier ouvrage. Et l'on gage qu'à imaginer sa gloire future il accepte, tant bien que mal, un présent toujours plus difficile et cette certitude, aussi, qu'on ne l'aime pas. Si on l'aimait, d'ailleurs, vivrait-il abandonné ici depuis sa plus tendre enfance ?

De cet amour qu'il n'a véritablement reçu de personne, Jacques Martin ne parlera pas, ou seulement très peu. Jamais, en public, il n'évoque cette mère remariée qui lui donne un demi-frère aujourd'hui restaurateur dans la région de Nantes. On apprend tout juste qu'elle était « bonne cuisinière ». Et aussi que, peu de temps avant qu'elle ne disparaisse, il a parlé « deux heures avec elle ». Un entretien qu'il a « enregistré » et qui lui a appris « des choses importantes ».

Que se sont-ils dit, ce jour-là ? Ont-ils réussi à tisser, enfin, un lien d'amour ? Cela, bien sûr, n'a pas été rendu public. Ce qui est sûr, en tout cas, c'est que ce n'est pas un hasard si Jacques Martin a souhaité être au-devant de la scène. « Toute ma vie, a-t-il expliqué en septembre 1975 dans l'émission "À bout portant", j'ai recherché les bravos. Ce n'est pas fortuit. Les bravos, c'est de l'amour artificiel. Parmi les comédiens arrivés, il n'y a que des petits enfants malheureux qui ne se sentaient pas aimés… »

2

« Je garde de lui le souvenir de quelqu'un qui était pétri de dons et qui était toujours malheureux, parce que jamais content de lui. Il chantait merveilleusement mais aurait voulu être Caruso ; il faisait la cuisine comme un chef. Il aurait voulu être Bocuse. Il jouait la comédie épatamment, il aurait voulu être Guitry. La télévision l'avait empêché de s'épanouir complètement dans une de ces disciplines. »

(Philippe Bouvard)

Oubliés, les jésuites. Terminées, les études. Plus de brimades, de messes, de confessions. Jacques Martin a 15 ans. En ce début 1948, il décide de quitter le collège. Aujourd'hui, un tel choix surprendrait. À 15 ans, n'est-on pas encore un enfant ? En effet, Jacques Martin a encore les traits poupins et la silhouette frêle. Mais il y a longtemps déjà qu'il se débrouille seul. « Abandonné à 5 ans, dira-t-il plus tard à Jacques Chancel, j'ai dû survivre. Cette situation était difficile, bien sûr. Mais elle avait aussi des avantages. J'ai appris à ne pas trop compter sur les autres. »

Les autres ? Dans ces mots, Jacques Martin englobe sans doute une mère absente. Informée, celle-ci ne s'oppose d'ailleurs pas à ce qu'il arrête ses études.

Fort de cet accord, Jacques Martin voit l'avenir en rose et surtout en grand. Aujourd'hui, après des années d'enfermement, d'ennui, de brimades morales et parfois physiques, le monde est enfin à lui. Mais pas question de rester à Lyon. La ville, si belle soit-elle, est bien trop petite pour satisfaire ses ambitions. Ce qu'il veut, c'est conquérir Paris. Un jour, il en est sûr, la Ville lumière sera à ses pieds. On n'en finira pas de l'applaudir, puisqu'il sera devenu le plus célèbre de tous les comédiens de l'après-guerre. Jeune premier un soir, vieillard un autre, il se perdra au milieu des « bravos ! » d'étrangers auxquels il offrira toute sa verve, toute sa gouaille, tout son talent. Qui, alors, saura que derrière son masque se cachent des blessures d'enfance jamais refermées ? Jouer la comédie, c'est être un autre, tous les autres. Se faire aimer, enfin, fût-ce du public, fût-ce d'inconnus.

C'est au cours Charles-Dullin, l'un des plus renommés de la capitale, que le jeune Jacques Martin, adolescent déterminé, décide d'entrer. À cette époque – 1949 –, Dullin est mort. Mais il a formé des héritiers. Auprès d'eux, après Madeleine Robinson, Jean Marais, Marcel Marceau et Jean-Louis Barrault, Jacques Martin apprend son futur métier. À en croire ceux qui l'ont côtoyé à l'époque, il excelle dans la technique de l'improvisation, et se montre très doué, aussi, dans celle du mime. Malheureusement, sa mémoire n'est pas excellente et il peine parfois à apprendre ses textes. Un handicap qu'il compense par un jeu qui, pour être parfois extravagant, n'en est pas moins exceptionnel pour un adolescent de cet âge. Martin joue comme on respire. On dirait qu'il ne connaît ni le trac ni la fatigue. Et surtout, on sent que la scène est tout à la fois sa maison, sa patrie et le lieu où il se sent le mieux au monde. À le regarder, à l'écouter, personne n'imagine que ce garçon si talentueux ne mange pas toujours à sa faim et doit, pour survivre à Paris, courir les petits boulots.

Plongeur dans un restaurant. Petite main sur des chantiers. Vendeur de fleurs, de fruits ou de légumes sur les marchés... Jacques Martin, pour gagner trois sous, ne rechigne devant rien. Il lave les assiettes sales avec entrain, manie la pelle et la pioche sans se plaindre, harangue le chaland derrière un étal qu'il a lui-même dressé. Le plus souvent, il déjeune d'un sandwich, dîne d'un œuf dur et d'une pomme. Mais il s'en fiche. Il est libre. Paris est à lui... au moins jusqu'à ce qu'il soit appelé sous les drapeaux.

« Je préférerais refaire trois ans de service militaire que retourner une semaine chez les jésuites ! » La phrase a été rapportée par de nombreux journaux. Elle résume à elle seule les sentiments de Jacques Martin à l'égard des « bons pères ». Mais il faut bien dire que, sous les drapeaux, il n'a pas trop souffert. En effet, pour commencer, le jeune homme sert dans l'armée de l'air où il est chargé de monter des spectacles.

« Il a obtenu son plus grand succès dans *Les Cyclones,* de Jules Roy, révélera le journaliste Albert de Mun dans *Télé 7 Jours*. Il y jouait le rôle d'un colonel aviateur et, comme il se rendait au théâtre tout habillé et maquillé, son uniforme et ses tempes grisonnantes lui valaient en chemin le salut respectueux des militaires qu'il croisait. »

On imagine l'allégresse du jeune pitre. Malheureusement pour lui, Martin est bientôt affecté à la base aéronavale de Khouribga, en plein Maroc...

La petite ville, encore constituée à cette époque de maisons de torchis, est connue pour ses mines de phosphate. Plantée au beau milieu du désert, surchauffée le jour, glaciale la nuit, elle n'est pas, loin s'en faut, une résidence de villégiature. Mais Jacques Martin ne tarde pas à faire connaissance de la petite communauté française qui y vit. Parmi elle, le directeur des fameuses mines, un certain Lefèvre, son épouse, et leur fille Anne. Annie, comme Jacques la surnomme, est aussi tendre, douce et discrète qu'il est emporté, impétueux et exclusif. Elle tombe très vite amoureuse de lui et Jacques, de son côté, se laisse gagner par ce sentiment qu'il n'a jamais connu. Les enfants malheureux font souvent les amants les plus épris, et Jacques Martin ne déroge pas à la règle. Auprès d'Annie, il découvre une vie jusque-là inconnue. Lui, le quasi-orphelin, a table ouverte chez les Lefèvre. Pour la première fois, il mange en famille, sirote après le repas un thé à la menthe, avant de faire la sieste à l'ombre d'un olivier. Le soir, il se promène, avec Anne, sur des chemins situés un peu à l'écart de la ville. Bien sûr, il l'embrasse. Mais aux étreintes, il préfère souvent les paroles. Car auprès d'elle, pour la première fois aussi, il trouve une confidente. Un jour, lui affirme-t-il, il sera un grand comédien. Un jeune premier reconnu, l'égal de Gérard Philipe ou de Jean Marais. Mais il ne fera pas carrière sous le nom de Jacques Martin. Il a choisi un pseudonyme digne de ses futurs succès, celui, très romantique, de Fabrice Clair-Regard. Fabrice, comme le héros du *Rouge et le Noir* ? Peut-être. Jacques Martin s'emporte, s'enthousiasme, et Anne applaudit. Elle est si fière, si heureuse d'être aimée de lui ! Un jour, bientôt, dès que possible, elle abandonnera Khouribga et elle viendra avec lui à Paris. Elle rêve depuis si longtemps de la capitale ! Elle se voit déjà sur les Champs-Élysées dans une jolie robe fleurie. Bien sûr, elle aura de la peine de quitter ses parents. Mais ils les feront venir, chez eux, dans leur appartement. Nul doute qu'avec les cachets de Jacques ils pourront louer un beau quatre pièces. Il y aura une salle à manger, une cuisine, leur chambre, une chambre d'amis, et bien sûr, une chambre d'enfant...

Des rêves communs et la certitude qu'ils vont, ensemble, soulever des montagnes, suffisent à Jacques Martin et Anne Lefèvre pour décider de s'unir pour le meilleur et pour le pire. La noce est joyeuse. Et, comme ils l'ont rêvé, les deux amoureux repartent main dans la main pour s'installer en France.

1956. Jacques Martin vient de fêter ses 23 ans. Il est marié. Il ne peut compter que sur lui-même pour gagner sa vie et celle de sa jeune épouse. Et, cette fois, les petits boulots n'y suffiront pas. Vestige peut-être de l'intraitable éducation jésuite qu'il a reçue, le jeune homme a le sens du devoir. Il se privait de tout pour conquérir la gloire ; il ne privera Anne de rien, quitte à mettre ses ambitions entre parenthèses, au moins pour quelque temps. Avant de devenir célèbre il veut, avant tout, assurer l'avenir de leur couple. Alors il court le cachet, auditionne, se démène, sans trouver hélas de quoi vivre décemment. Paris, cette ville qu'il aime tant, se dérobe. Il semble qu'il n'y ait aucune place pour lui, il serre les poings en regardant les affiches des théâtres et des cabarets où s'étalent en grosses lettres d'autres noms que le sien. Il a la rage, Jacques Martin. Une rage qui lui donne le courage de reprendre contact avec l'un de ses anciens amis, Antoine Bourbon, professeur d'art dramatique. L'homme, qu'il a rencontré dans la capitale, habite désormais Strasbourg.

— Antoine, lui dit-il, il faut que je travaille. Tu n'as rien pour moi ?

— Tu tombes bien. Imagine-toi que je suis devenu metteur en ondes. Je bosse avec Jean-Simon Prévost. Tu le connais. Il est comédien et producteur d'émissions de radio. Ensemble, on a créé une troupe, « Le Groupe de comédie de Radio Strasbourg ». On enregistre en studio des pièces diffusées à l'antenne une fois par semaine. Tu veux en être ?

En être ? À dire vrai, Jacques Martin n'a pas le choix. Il accepte immédiatement la proposition de son ami. Bien sûr, il va faire de la radio, s'éloigner un peu de son idéal d'adolescent. Mais il va aussi rejoindre une vraie troupe de comédiens. Ce travail sera lucratif. Ce sera aussi, s'il se débrouille bien, un tremplin. Il lui reste à convaincre Anne que la conquête de la capitale est remise à plus tard. Pour l'heure, ils déménagent et vont commencer une nouvelle vie en Alsace.

2, rue de Marseille. C'est à cette adresse strasbourgeoise que Jacques Martin et sa jeune épouse emménagent. Avant de commencer à travailler, Jacques s'attache à découvrir la ville. Avec Anne, il se promène longuement dans ses rues bordées de maisons typiques aux balcons fleuris, visite l'impressionnante cathédrale, entre dans les gargotes, qui offrent pour une poignée de francs l'incontournable « flammekueche », la salade de pommes de terre ou de cervelas, les charcuteries goûteuses et bien sûr, en dessert, les célèbres tartes aux pommes ou aux quetsches. On lui parle en alsacien, il répond en français, mais ne se sent pas pour autant étranger. Cette province lui convient. Il peut envisager d'y poser ses bagages le temps de trouver mieux. Il ne le sait pas encore, mais il y restera cinq ans, les années les plus heureuses de sa vie, reconnaîtra-t-il plus tard.

« Non ! Je te dis que je n'en veux rien faire ! Et que c'est à moi de parler et d'être le maître ! »

1956 toujours. Campé derrière le micro, Jacques Martin lit les premières phrases du *Médecin malgré lui,* de Molière. Ce soir, il « joue » Sganarelle. Un rôle qui lui convient parfaitement, compte tenu de son potentiel comique, qui n'a pas échappé à son ami Antoine Bourbon. Celui-ci ne regrette pas de l'avoir engagé dans la troupe, bien au contraire. Car Martin *est* Sganarelle. Oublieux du studio d'enregistrement, des autres comédiens qui l'entourent, il scande les mots, crie, hurle, vocifère. Bref, entre dans la peau du personnage avec un incroyable talent. À ses côtés, ses collègues en oublient parfois leurs propres répliques tant ses mimiques, sa gestuelle les amusent. Parmi eux, Dinah Faust, comédienne et chanteuse, aujourd'hui âgée de 81 ans, n'a rien oublié des moments passés avec « son » Jacques ! « Il était si jeune ! dit-elle. Pourtant, il n'y a pas eu besoin de lui répéter deux fois ce qu'on attendait de lui ! Contrairement à d'autres, il n'avait pas besoin des conseils du metteur en ondes qui nous faisait répéter. Lui, la comédie, il avait ça dans le sang. Il jouait tout. Molière, Courteline, Feydeau… Jamais personne ne m'a fait autant rire ! »

Venant de Dinah Faust, qui aujourd'hui encore joue et chante sur scène avec succès, le compliment est de taille. D'autant que la récompense est au rendez-vous. Diffusées en soirée – le *« prime time »* de l'époque –, ces comédies radiophoniques remportent un tel succès en Alsace que Paris tend l'oreille. Certains enregistrements sont en effet si réussis qu'ils sont rediffusés sur une station de la capitale. Mais Jacques Martin ne sait pas encore que ses aventures alsaciennes vont être le terreau de son futur succès. Il est tout simplement heureux d'en avoir enfin terminé avec les petits boulots de figurant, de chauffeur ou même de vendeur de lingerie fine – tout ça pour faire chichement bouillir la marmite. Il peut enfin vivre de son métier, de sa passion, fût-ce derrière un micro. D'ailleurs, la scène, la vraie scène qu'il aime tant, n'est pas très loin.

L'opéra de Strasbourg. Voilà le lieu où Antoine Bourbon, toujours lui, a décidé de donner des représentations destinées aux lycéens et aux collégiens de la ville. En bon professeur, il veut faire partager sa passion à des adolescents de seconde et de première. Une gageure, même à cette époque. Aimer Racine ou Corneille quand on a 15 ans, ce n'est pas naturel. Il faut, pour y parvenir, le voir jouer avec brio, talent et même une sorte de foi. Telles sont les qualités des comédiens dirigés par Antoine Bourbon. Parmi eux, bien sûr, Jacques Martin, qui arpente avec fougue les planches pour les matinées scolaires, ravi d'interpréter Ruy Blas ou Cyrano de Bergerac. Mais, aux yeux de ses collègues, ce n'est peut-être pas vraiment son registre.

« Comme tous les jeunes comédiens, dit Dinah Faust, nous pensions que faire rire, même si nous savions que c'est ce qu'il y a de plus difficile, n'était pas aussi valorisant que de jouer la tragédie. Pourtant, en voyant Jacques, je savais qu'il ne serait jamais un grand comédien classique, mais qu'il était un grand artiste. »

De fait. Jacques Martin est exceptionnellement doué, et dans de très nombreux domaines. Il chante merveilleusement, quel que soit le répertoire. Sa voix puissante est capable de faire vivre *La Belle Hélène* comme de susurrer « La belle de Cadix a des yeux de velours », l'un des titres fétiches de Luis Mariano. Il fait rire comme il respire. Il sait improviser, se montrer tour à tour tendre et caustique, cassant et charmeur. Mais il faut effectivement bien reconnaître que le classique lui va moins bien que l'humour, à son grand désespoir d'ailleurs. Plus tard, il n'en fera pas mystère. L'humour est un genre qu'il a adopté par défaut. Pour l'heure il n'a pas encore renoncé – mais renoncera-t-il un jour ? – à son rêve d'être un jeune premier. Pourtant, un détail laisse penser qu'au fond de lui il a peut-être compris qu'il n'y parviendrait pas : le pseudonyme qu'il s'est finalement choisi n'est pas Fabrice Clair-Regard mais, plus prosaïquement, Jacques Ducerf, le patronyme de son célèbre cuisinier de grand-père…

Il n'empêche. À cette époque, tout va pour le mieux pour lui. Il travaille. Il est heureux auprès d'Anne, qui l'attend patiemment à la maison pendant qu'il joue. Et il aime Strasbourg. Cette ville, il commence à en connaître les moindres recoins. Elle est plaisante, on y aime la bonne chère. Un point qui, pour un petit-fils de restaurateur, gourmand de surcroît, a son importance. Sur la célèbre place qui porte le nom du maréchal de Broglie, gouverneur d'Alsace au XVIIIe siècle, le café Bauzin lui tient lieu de quartier général. À deux pas des studios, il y retrouve ses amis de la troupe. Dans des conditions parfois rocambolesques !

« Il n'avait pas son pareil pour nous faire des blagues, raconte Dinah Faust. Le soir, quand nous prenions un verre tous ensemble, il lui arrivait de s'allonger sur les tables, de se recouvrir d'une grande nappe et de faire comme s'il était mort par exemple ! » Bien sûr, Jacques Martin se relève, et hilare, commande pour tous une bonne choucroute. Ici, rien ne manque au plat traditionnel : palette, saucisses, lard, jarret, pommes de terre entourent un chou croquant à souhait. Un délice, surtout quand il est arrosé d'un verre de vin blanc. Riesling ou gewurztraminer ? Jacques Martin aime autant l'un que l'autre. Il aime aussi la bière, très blonde et très fraîche, servie dans des pichets de verre taillé. Et, en bon épicurien, il ne laisse pas une miette du festin ; d'ailleurs, il perd peu à peu son allure efflanquée au profit de rondeurs naissantes. Son visage en paraît moins pointu, y gagne en douceur. Pour la première fois de sa vie, sans doute, il est heureux. Et ça se voit, même si, parfois, il se laisse aller à de mémorables colères.

« Plus on a de talent, explique Dinah Faust, plus on est fragile. Sous des dehors bonhommes, Jacques était quelqu'un de très angoissé. Il avait peur d'oublier son texte, de bafouiller, d'être mauvais... Du coup, pour un oui, pour un non, il explosait. Mais on savait que ça ne tirait pas à conséquence. On l'avait définitivement adopté, malgré son mauvais caractère. »

Ce caractère, on le verra, ne s'arrangera pas au fil des années, mais il ne pénalisera jamais vraiment Jacques Martin. À 24 ans, de comédie en tragédie, d'enregistrement en diffusion, et toujours sous le pseudonyme de Ducerf, il poursuit sa carrière radiophonique avec succès. En partie grâce à lui, sa troupe fait parler d'elle dans l'Alsace entière, tandis que la toute nouvelle télévision régionale a bien du mal à trouver son public. Quoi d'étonnant, alors, si les dirigeants de Télé-Strasbourg envisagent de confier une émission de variétés à ce jeune homme si doué, dont le public apprécie le talent et l'humour ? « Ce que nous voulons, expliquent-ils à Jacques Martin, c'est que vous fidélisiez le public... »

La télévision régionale. Bien sûr, Jacques Martin est heureux, même si, encore une fois, il accepte la proposition qui lui est faite avec un petit pincement au cœur : décidément, il s'éloigne de plus en plus de ses rêves, et la vie semble l'écarter de ces rôles de jeune premier qu'il espérait tant jouer. Mais, au-delà de ses rêves, il possède – héritage probable de son grand-père cuisinier – un solide sens des réalités. La télévision, c'est une promotion, même si l'on y joue les comiques. Et peut-être que lui, l'ancien élève brimé par les jésuites pour avoir raconté une histoire un peu leste, trouve là matière à revanche. Quoi qu'il en soit, Jacques Martin, comme à son habitude, s'investit totalement dans « son » émission. On veut qu'il amuse ? Soit. Il multiplie les facéties, se met en scène dans des sketchs, imite, dénonce, se moque de tout. Inconscient, encore, qu'il vaut mieux ne pas dépasser certaines limites.

« Est-ce que tu me prends pour un imbécile ? Tu as dit “il nous fend le cœur” pour faire comprendre que je coupe à cœur. »

La phrase, on s'en souvient, est tirée de la fameuse partie de cartes de Marcel Pagnol. Ce soir, à l'antenne, Jacques Martin joue Pannisse. Mais un Pannisse qui aurait l'accent alsacien. Il accentue les « chhh », martèle chaque syllabe, dit « cômprentre » au lieu de « comprendre ». Bref. Il se livre à l'un de ces pastiches qui, d'ordinaire, font hurler de rire les téléspectateurs. Hélas pour lui, sa prestation soulève un tollé. Certes, les Alsaciens ont un accent, parfois un peu rude. Mais s'en moquer comme Martin vient de s'y essayer, c'est faire preuve de racisme. Raciste, Martin ? Lui qui adore l'Alsace ? Sûrement pas. Mais il n'empêche. Sa maladresse d'un soir déplaît à la direction de la chaîne. Quoi d'étonnant au fond, puisqu'à la télévision, de nos jours encore, la roche Tarpéienne est désespérément proche du Capitole...

3

« Il était une référence. Il savait tout faire.
C'était un showman idéal doté d'une culture exceptionnelle.
Quels que soient les domaines, il excellait. »

(Jean-Pierre Foucault)

Il s'appelle Muller. Germain Muller. À Strasbourg, et même dans toute l'Alsace, c'est un comédien réputé et un homme influent. Et pour cause ! À lui tout seul, Germain symbolise cette province déchirée entre la France et l'Allemagne. Au début de la Seconde Guerre mondiale, ce « malgré-nous » – du nom des Alsaciens enrôlés de force dans la Wehrmacht – déserte et réussit à se réfugier en Suisse. En 1944, il s'engage dans la première armée et entre dans Strasbourg avec les troupes du général de Lattre de Tassigny. Un héros qui comprend mieux que personne l'âme de ses compatriotes. En moins d'un demi-siècle, l'Alsace a successivement été française, puis allemande, puis française à nouveau. Rien d'étonnant, alors, que l'identité nationale soit avant tout alsacienne ? Ici, à Strasbourg, comme dans toute la province, on parle alsacien. Un dialecte qui ressemble à l'allemand, mais qui n'est pas de l'allemand. Une langue qui, malgré les efforts des nouveaux responsables de la région, reste celle du berceau, des premiers pas et même des cours d'école. Ce patois que Germain Muller connaît sur le bout des doigts et qu'il désire faire vivre, par l'intermédiaire du théâtre pour lequel il se passionne.

L'amour de la scène. Voilà ce qui rapproche immédiatement Jacques Martin et Germain Muller, lorsque Dinah Faust, la femme de ce dernier, et Jean-Simon Prévost, leur ami commun, les présentent l'un à l'autre. Jacques Martin, qui manie l'humour et l'autodérision depuis l'enfance, est admiratif face à l'esprit satirique de Germain Muller. De son côté, celui-ci prend immédiatement la mesure du talent du jeune homme. Au cours de leurs rencontres, il l'observe, le jauge, le conseille aussi. Il a d'ailleurs toute autorité pour le faire. Après avoir suivi des cours d'art dramatique au conservatoire de Bâle, il a monté de nombreux spectacles avant de fonder en 1946 un bien étrange cabaret : le Barabli.

« *Barabli* veut dire "parapluie" en alsacien, explique Germain Muller à Jacques Martin un soir, autour d'un verre. La légende veut que, pendant la guerre de 1914, les prisonniers allemands et alsaciens n'ayant pas le même statut auprès des Français, certains Allemands trichaient pour avoir les mêmes rations de nourriture. On raconte qu'un curé avait trouvé un test pour les différencier. En montrant un parapluie, les Alsaciens disaient *"s'isch a barabli"*, tandis que les Allemands s'exclamaient *"regenschirm"* ! C'est en souvenir de cette anecdote que j'ai donné ce nom à mon établissement. » Modeste, Germain Muller oublie de préciser que ce cabaret bilingue, qui, raconte-t-on, « dit tout haut ce que les Alsaciens pensent tout bas », vit au rythme endiablé de quatre-vingts représentations, rassemble quatre-vingt mille spectateurs par an avec près de cent vingt comédiens. Sa pièce *Enfin, redde m'r nimm devun* (« Enfin, n'en parlons plus »), qui retrace le périple de familles alsaciennes durant la Seconde Guerre mondiale, est devenue une référence. Bref, comme son créateur en rêvait, le Barabli fait les beaux jours de la culture alsacienne. Grâce à lui, l'Alsace trouve le courage de se moquer d'elle-même, ce dont elle a bien besoin à cette époque. Mais Germain Muller sait combien le succès est chose éphémère, surtout en matière de satire. Alors il est toujours à la recherche de nouveaux talents.

« Germain aurait bien engagé Jacques Martin sur-le-champ, dit Dinah Faust. Il était difficile de le faire rire, mais Jacques y parvenait facilement grâce à sa culture et à son sens de l'humour très particulier. Malheureusement, quand ils se sont rencontrés, notre troupe était complète. » Pour autant, les deux hommes restent en contact étroit. Ainsi, quand Jacques Martin connaît ses démêlés avec les dirigeants de Télé-Strasbourg, son ami Germain, qui vient d'être élu au conseil municipal aux côtés du nouveau maire, Pierre Pflimlin, vole à son secours. C'est sans aucun doute grâce à son influence que l'animateur parvient à garder sa place. Seulement voilà : il n'est pas sûr d'en être vraiment heureux. Bien sûr, animer une émission de télévision, fût-elle diffusée localement, est toujours gratifiant. Jacques Martin est flatté quand on le reconnaît dans la rue, qu'on s'approche de lui pour le féliciter ou pour lui demander un autographe, ce qui arrive de plus en plus souvent. Mais, au fond de lui, il se sent mal à l'aise dans la peau d'un animateur télé. Lors des enregistrements, quand il se donne à fond comme il a l'habitude de le faire, il n'y a rien face à lui que de lourdes caméras. Il a la nostalgie de ce public qu'il apercevait de la scène, un public mouvant, chaleureux, qui riait à chacune de ses répliques et qui l'applaudissait si fort à la fin chacune de ses scènes. Ce contact, ces bravos, l'odeur de la salle surchauffée, mélange de sueur, de cigarettes, du parfum des femmes, il ne peut s'en passer. Bien sûr, des centaines de gens le regardent devant leur écran, mais ce n'est pas pareil, ce ne sera jamais comme sur une scène. « Moi, répétera-t-il plus tard, je suis un comédien qui a rencontré la télé. »

1959. Jean-Simon Prévost vient de prendre une grande décision : il quitte l'Alsace, et le Barabli. Lorsqu'il l'annonce à Germain Muller, celui-ci le regrette bien sûr. Mais c'est l'occasion pour lui de proposer à Jacques Martin d'intégrer sa troupe. « Jacques, lui dit-il, ça ne sera pas toujours facile. Tu ne parles pas alsacien. Tu n'en fais qu'à ta tête. Mais je suis sûr que, si tu acceptes ma proposition, tu auras pris la bonne décision. » Jacques Martin n'hésite pas longtemps. Au fil des jours , le malaise qu'il ressent devant les caméras de télévision se fait de plus en plus vif. Il a de plus en plus de mal à animer son émission. En fait, il a fait le tour de la question, c'est au moins ce dont il se persuade. À lui la scène, la vraie scène. À lui ce public qu'il aime tant. Adieu la télé ! Comédien il se voulait, comédien il sera. Même s'il doit, pour cela, apprendre le patois !

À dire vrai, la chose n'est pas facile. Jacques Martin qui, voilà quelques mois encore, se moquait férocement de l'accent du pays doit maintenant s'en imprégner, et ne pas en rire cette fois. Il pourrait, c'est sûr, dire bonjour, bonsoir, *« wie gœtz ? »* (« comment ça va ? ») sans trop de problèmes. Seulement, ce n'est pas ce qu'on lui demande. Pour intégrer la nouvelle revue millésimée 1960, intitulée *Blän vun Strossburi,* ce qui peut se traduire par « Les bizarreries de

Strasbourg », il faut qu'il parvienne à réciter des sketchs complexes, aux phrases longues et sinueuses, et sans en déformer un seul mot bien sûr. Une tâche qui, on l'aura compris, est plutôt rude, mais à laquelle il s'attelle avec l'aide de la patiente Annie. « Allez, lui dit-il. Tu lis. Je répète. Corrige-moi. » Et, un à un, patiemment, laborieusement, son oreille musicale aidant, il apprend les mots de ses textes. Il faut qu'il se dépêche. Bientôt, les répétitions vont commencer. S'il écorche une seule phrase, il va passer pour un idiot. Et ça, il n'en est pas question.

De l'ivresse. Voilà le sentiment qui gagne Jacques Martin quand il pénètre dans l'enceinte du Barabli, où, pour la première fois, la troupe de la nouvelle revue se réunit. Le cabaret, situé sur la place Broglie, à gauche de l'opéra de Strasbourg, ne paye pas de mine, puisque c'est l'ancien mess des officiers. Des murs aux sièges, la salle de spectacle, qui compte cinq cents places, est d'une vilaine couleur marronnasse. Quant aux loges des comédiens, elles sont situées sous les toits, deux étages plus haut ! Mais pour Jacques Martin, peu importe le décor. Il savoure à sa juste mesure le bonheur de retrouver presque chaque soir une loge, des costumes et la scène. Quoi de plus merveilleux pour un comédien que l'odeur de poussière contenue dans les lourdes tentures de velours pourpre qui le séparent du public ? La douce brûlure des projecteurs sur le visage, l'épaisseur du maquillage, le trac incontrôlable avant d'entrer en scène… même si, depuis trois ans, il retrouvait tout cela le temps d'une pièce classique à l'opéra de Strasbourg, faire à nouveau partie d'une troupe et d'un théâtre, fût-il un cabaret, le comble d'aise.

Pourtant, dès les premières répétitions, Jacques Martin comprend que rien n'est gagné, loin de là. Car le charmant, l'exquis, le divin Germain Muller est intraitable, pour ne pas dire féroce. Ce qu'il veut, ce n'est pas de l'à-peu-près. Il faut faire rire le public, le faire pleurer, douter puis rire à nouveau. Pour cela, il faut répéter encore et encore les mêmes scènes, redire cent fois les mêmes mots, refaire mille fois les mêmes gestes. Même après des heures de travail, rien ne va jamais, il faut recommencer. Ce que veut Germain Muller, c'est la perfection. Même si pour cela il doit épuiser ses comédiens, les faire pleurer de rage ou d'humiliation. C'est à ce prix seulement, il ne le sait que trop, que la revue obtiendra les faveurs du public.

Qui aime bien châtie bien, dit-on. En l'espèce, le dicton se vérifie. En effet, Germain Muller a réservé à son ami Jacques un rôle particulièrement difficile : il joue « le Français de l'intérieur », celui qui vient de l'autre côté du col de Saverne, celui qui se moque des Alsaciens. Un rôle essentiel dans l'équilibre du spectacle mais ô combien périlleux ! Une voix trop haut perchée, une intonation un peu fausse, un geste maladroit et tout peut basculer. Pour parvenir à composer le rôle, il faut du doigté, de la souplesse et de l'acharnement. Jacques Martin, qui n'a jamais été à si rude épreuve, s'accroche du mieux qu'il le peut, même si, parfois, il se prend à regretter ses pitreries derrière les caméras de Télé-Strasbourg – au moins, on ne lui demandait pas de répéter, avec l'accent, quinze fois le même mot alsacien imprononçable. De toute sa jeune carrière, jamais il n'a eu à donner autant de lui-même. Mais, à force de travail, il parvient enfin à satisfaire Germain Muller. Lorsqu'ils sortent du Barabli, celui-ci, d'ordinaire si avare de compliments, le félicite. « Jacques l'a écouté sans rien dire, explique Dinah Faust. Mais ensuite, il s'est mis à courir dans la rue, à sauter de joie. Il a empoigné un réverbère. Et pour finir, il y a grimpé, comme un gosse. Vous me croirez si vous voulez, mais Germain a fait la même chose. Tous les autres comédiens étaient pliés de rire. Après, c'est devenu un jeu pour eux. Ils ne pouvaient plus voir un réverbère sans y monter... »

Voilà. La troupe de Germain Muller est enfin prête. Ce soir, c'est pour elle le grand soir, celui de la première. Cet après-midi, pour la dernière fois, les comédiens ont répété. Germain leur a prodigué conseils, recommandations, sans oublier les récriminations. Jacques Martin n'a pas été épargné. Mais, au cours d'un sketch joué en duo avec Dinah Faust, dans lequel il interprète un Vosgien, avec l'accent une fois de plus, il s'en est donné à cœur joie. Et cette fois, ça y est. Tout semble prêt. Comme les autres, il piaffe dans les coulisses, avant que le lourd rideau se lève. Derrière, il y a le public. Une salle comble qui chuchote, murmure, s'esclaffe, s'impatiente. Les attend.

Être attendu. C'est peut-être ce qui, dans ce métier, plaît le plus à Jacques Martin. Enfant, on l'a vu, il a été laissé-pour-compte, pour ne pas dire délaissé. Combien de fois, dans le silence d'un dortoir, a-t-il prié pour que sa mère vienne enfin le sortir de là ? Combien d'heures, de jours, de semaines a-t-il espéré que l'on mette fin à son calvaire ? Jacques Martin a sans doute passé ses jeunes années et une partie de son adolescence à patienter. Aujourd'hui, cette page est tournée. Car c'est lui qui se fait désirer. Côté privé, d'abord, par cette épouse qu'il adore mais qu'il laisse souvent seule pour aller dîner avec ses amis. Côté public par ces spectateurs qui piaffent derrière le rideau et qui explosent en bravos quand, enfin, il lui fait l'honneur d'entrer en scène. Sans doute ne le sait-il que confusément. Mais cette fois, il en a fini d'attendre. Et du coup, il ne prête plus qu'une attention très limitée à ceux qui l'entourent. Ce qui compte, enfin, et pour la première fois, c'est lui. Jacques Martin en devient la terreur de la troupe. Tout à ses pensées, à ses espoirs, au trac qui continue de le miner, à l'excitation qui monte en lui juste avant le spectacle, il ne voit rien, ne sent rien, n'entend rien. D'aucuns le diraient distrait. C'est plus que cela. Il est obnubilé. Du même coup, il devient incapable de se discipliner. Alors que chacun a pour mission de bien ranger ses costumes dans l'ordre d'apparition sur scène, Jacques, lui, ne prépare rien. Non content de perdre du temps chaque fois qu'il cherche sa chemise, il se permet parfois d'« emprunter » la première venue sur le portant des loges. Jusque-là sans conséquence, son insouciance prend de l'ampleur le soir où il enfile n'importe quel pantalon sur un cintre avant d'entrer en scène. Le comédien à qui appartient le vêtement se retrouve alors obligé de sauter dans un costume bien trop étroit et bien trop court pour lui ! Furieux, c'est en « bermuda » qu'il fait son apparition. Malgré l'hilarité du public, Jacques en prend pour son grade à la fin du spectacle et perd quelques amis au sein de la troupe. Mais comment pourrait-il changer ? Comment pourrait-il écouter Dinah Faust, qui ne cesse de lui conseiller de faire travailler une mémoire qui, il faut bien le dire, est parfois défaillante ?

« En réalité, dit-elle, j'en suis venue à la conclusion que Jacques n'avait aucune mémoire ! Malgré toutes les exhortations, il oubliait sans cesse son texte. Cela dit, ça ne le gênait pas beaucoup. Comme il savait merveilleusement improviser, il s'en sortait toujours. Mais mon mari, lui, ronchonnait et tapait du pied en coulisses. Parce qu'il ne supportait pas le moindre changement de virgule ! »

N'empêche. Jacques Martin est désormais une « figure » de la revue du Barabli. Chaque soir, en alsacien, il chante, commente, déforme et amuse, habillé en nain avec des jambes géantes ou encore en habilleuse de théâtre. Avant de se faire copieusement engueuler par Germain au sortir de la scène parce que, comme d'habitude, il s'est lancé dans une « impro brillantissime »... Improvisation ou non, la revue du Barabli est un succès, et même un triomphe. La renommée du cabaret est telle qu'elle arrive même jusqu'à Paris. L'ORTF, en mal d'émissions originales, décide d'en faire profiter les téléspectateurs dans son programme « Dimanche en France ». Contacté, Germain Muller accepte évidemment que son spectacle soit retransmis et que des caméras viennent de Paris enregistrer une représentation. « Des techniciens vont placer des câbles dans toute la salle, annonce-t-il à sa troupe. Pendant quelques jours, ça va être le désordre. Mais le jeu en vaut la chandelle. Pensez ! On va être retransmis à une heure de grande écoute ! » Un silence. Puis Germain conclut, le visage soudain sévère : « Je compte sur vous tous. Faites preuve de rigueur et de professionnalisme. Quant à toi, Jacques, souviens-toi bien : cette fois, pas question de prendre le costume d'un autre. Pas question non plus de t'essayer à d'autres effets de manches. Tiens-t'en à ce que je t'ai appris. »

Plusieurs années plus tard, en janvier 1977, dans une interview qu'il donnera à l'émission « Questions sans visage », Germain Muller rappellera que Jacques Martin lui donnait des sueurs froides à chaque spectacle : « Pour moi, Jacques manquait de discipline. En fait, il testait des effets et, chaque soir, il laissait tomber un effet qui fonctionnait bien au profit d'un autre. Il prenait des risques. Il apprenait son métier. »

Mais bien sûr, quand arrive enfin le grand soir du tournage, Jacques l'indiscipliné fait toujours partie de la troupe. Comme les autres, il trépigne d'impatience dans les coulisses du Barabli.

La représentation qu'ils vont donner n'est vraiment pas comme les autres. Quelques heures plus tôt, en effet, une dizaine de personnes sont venues augmenter le staff de techniciens de l'ORTF. Des hauts gradés de la télévision parisienne sont présents au côté des représentants de Télé-Strasbourg, qui n'en mènent pas large. Le moment est d'importance, tous le sentent. La journée, ponctuée d'une multitude de répétitions devant les caméras, a été difficile. Les comédiens sont exténués, sur les nerfs, l'estomac au bord des lèvres. Mais le plus dur reste à faire. Maintenant, il faut jouer. Pour de vrai. Et tenter d'oublier l'enjeu de la soirée.

5 février 1961. Les « Français de l'intérieur » découvrent les premières notes du spectacle alsacien. À l'écran, quatre comédiennes de la troupe, dont Dinah Faust, font tournoyer leur parapluie au rythme de leur chanson. « Dites-vous bien mes amis que par un temps de pluie la vie peut être belle. Y a du soleil sous notre ombrelle… », chantent les comédiennes du Barabli en guise d'ouverture. Elles sont belles, minces, sexy sans être vulgaires, et leur visage, malgré une épaisse couche de maquillage, garde toute sa fraîcheur. Pendant trois minutes, elles vont et viennent, virevoltent en mesure, jouent avec grâce de leur ombrelle. Avant de disparaître, laissant la place à Germain Muller. À cette époque, Germain est un bel homme dans la force de l'âge. Son visage carré troué de grands yeux sombres et expressifs, sa chevelure ondulée rejetée en arrière lui donnent un air romantique. Il est également, ce qui ne gâte rien, extrêmement télé-

génique – dans ce domaine comme dans d'autres, la nature est injuste, puisque certains « accrochent » la lumière et d'autres pas. Germain est des premiers. Seul face à la caméra, il prend la parole pour donner aux téléspectateurs un cours de langue alsacienne visant à expliquer le choix du nom de son théâtre et sa vocation : « [...] Le cabaret satirique strasbourgeois, dont le Barabli est l'enseigne, se distingue des théâtres de chansonniers de l'intérieur, comme on dit ici, par deux éléments essentiels, à savoir le bilinguisme et l'humour. En effet, plus de 80 % des sketchs et des chansons du cabaret Barabli sont d'expressions dialectales, ce qui lui procure une large audience auprès du public alsacien en même temps qu'un ressort dramatique et des effets scéniques qui manquent rarement leur but. Les chansonniers parisiens ont pour habitude d'attaquer un individu. Ils fustigent un homme politique de préférence ou encore une vedette de l'actualité. Le cabaret satirique alsacien, lui, est une satire des mœurs. C'est-à-dire que le Barabli se réclame plus de Georges Courteline ou de Ludwig Thomas, le Courteline allemand, que de Rip et Gisou ou de l'équipe du Chat noir. Quand je vous aurai dit que l'équipe du Barabli a quinze ans d'âge, qu'elle joue actuellement sa vingtième revue et qu'elle donne ses représentations entre quarante et cinquante fois à Strasbourg et trente fois à l'extérieur, je vous aurai tout dit... »

Au discours un brin élitiste du fondateur du Barabli succèdent quelques plans de Strasbourg commentés en « voix off » par un Jacques Martin à l'accent parisien exagérément ampoulé, avant que ne démarre enfin le spectacle proprement dit. Pierre Tchernia, présentateur à cette époque de « Monsieur Cinéma », se rappelle avoir été l'un des témoins de la première apparition de Jacques Martin sur un écran de télévision national : « Je ne me souviens plus exactement comment cela s'est passé, toujours est-il que j'étais chez moi à Paris devant la télévision un dimanche quand, vers 13 heures, j'ai vu pour la première fois ce jeune homme. J'ai compris qu'il n'était pas de l'Est. Il faisait des numéros très différents, il chantait, il dansait, j'ai particulièrement apprécié sa gouaille et son culot. Je me suis dit "il est vraiment épatant" et, les jours qui ont suivi, j'ai beaucoup parlé de lui autour de moi. » Pierre Tchernia parle même tellement du jeune Jacques Martin qu'on lui alloue volontiers la découverte de ce nouveau talent et sa venue à Paris. Un honneur dont notre « Monsieur Cinéma » tient à se défendre : « Il est vrai que, si j'avais été directeur de cabaret, je l'aurais recruté. C'était un vrai personnage, même s'il n'était pas commode à caser. Hélas je ne suis en rien à l'origine de la carrière qu'on lui connaît. Je l'ai rencontré par la suite quand il est devenu célèbre. J'étais très admiratif car il savait faire briller ceux qu'il recevait, ce qui n'est pas donné à tout le monde. Puis il écrivait lui-même tout ce qu'il faisait, il inventait... Je me souviens qu'il insistait beaucoup sur le fait qu'il était un vrai chanteur. Plus tard, j'ai trouvé admirable ce qu'il arrivait à faire avec les enfants. C'était quelqu'un de très cultivé, un touche-à-tout que je compare souvent au grand Alphonse Allais. » Pierre Tchernia n'est pas le seul à remarquer la prestation du jeune comédien, âgé à l'époque de 27 ans. Comme il le rappelle dans la préface de cet ouvrage, Jacques Chancel, alors jeune journaliste au quotidien *Paris Jour*, fait immédiatement l'éloge du talent de Jacques Martin. « Je lui avais trouvé du génie », se souvient-il. Après la diffusion du spectacle du Barabli et grâce à l'article de Jacques

Chancel, les « états-majors » de l'ORTF s'intéressent de très près au jeune comédien et ne tardent pas à lui proposer de « monter » à Paris. Comme un bonheur ne vient jamais seul, en cette année 1961, Jacques Martin connaît aussi une grande joie d'ordre plus privé, celle de la paternité.

Il est parfois difficile, dit-on, pour ceux qui n'ont pas eu de père d'assumer ce rôle. Tel n'a pas été le cas de Jacques Martin. Lui, l'orphelin, le délaissé, dont l'enfance fut volée par la mort d'un père et le remariage d'une mère, rêve d'une grande famille soudée. Sans doute n'imagine-t-il pas que son premier enfant sera l'aîné d'une fratrie de huit. Pour l'heure, il s'émerveille. Papa ! il va être papa ! D'un fils ? D'une fille ? Qu'importe. Quel que soit le sexe de l'enfant qu'Annie porte, il sera le bienvenu. Jacques lui apprendra à chanter, à danser, à faire rire, il lui récitera les grands classiques. Sans oublier, bien sûr, de lui montrer comment on cuisine. Dans la famille, être un bon cuistot doublé d'un fin gourmet est une obligation ! Et, bien sûr, il deviendra célèbre, puisqu'il sera lui aussi comédien ! Le fils aîné de Jacques Martin, David, comblera toutes ses espérances. Comédien, présentateur, il deviendra un fin cuisinier, patron d'un restaurant renommé, et écrira avec son père deux livres de recettes qui connaîtront le succès. « David, mon fils, écrira Jacques Martin dans la préface de l'un d'eux, est à mes yeux paré de toutes les vertus et de toutes les qualités que l'on peut souhaiter rencontrer chez un homme : la tendresse, la générosité, l'acharnement au travail jusqu'à l'impossible. Et je n'écris pas cela parce que c'est mon fils, mais tout simplement parce que, chaque jour, il m'étonne davantage et me ravit l'âme et le cœur. » Un bel éloge, à la mesure de l'amour que Jacques Martin porte à David dès sa naissance. Quoi d'étonnant à cela, d'ailleurs ? Cet enfant, c'est celui du renouveau, de la transformation, des aspirations adolescentes rendues possibles. Au moment même où son fils voit le jour, Jacques Martin sait que bientôt, très bientôt, il quittera la capitale alsacienne pour retourner travailler à Paris où enfin, semble-t-il, une place l'attend. Mais auparavant, il doit tenir ses engagements, et faire une dernière saison avec toute la troupe du Barabli. Pour l'occasion, Germain Muller, qui depuis toujours écrit ses sketchs en fonction des talents et de la personnalité de ses comédiens, souhaite mettre à profit les capacités vocales de Jacques, et lui demande d'imiter les stars de la chanson de son époque. Les spectateurs de la revue intitulée *Lumumba Spring* lui font un triomphe quand il pastiche Charles Trenet ou Luis Mariano. Mais, malgré leurs applaudissements, Jacques Martin sait que Paris l'attend. À l'ORTF, on a de grands projets pour lui. Alors, aux beaux jours, Annie prépare les cartons. David n'a que quelques mois quand la famille dit adieu à l'Alsace. « Nous avons perdu beaucoup, conclut Dinah Faust, mais il a eu tout à fait raison d'accepter la proposition qui lui a été faite et de quitter Strasbourg. » Comment, sinon, aurait-il pu devenir l'animateur préféré des Français ?

4

« Avec Mourousi, il faisait partie des gens qui m'ont donné envie de faire de la télé. J'aimerais lui arriver à la cheville. Il savait être corrosif tout en étant rond dans le style. »

(Marc-Olivier Fogiel)

26 bis, rue François-Ier. Il y a longtemps que l'adresse mythique de la station de radio Europe n° 1 fait rêver Jacques Martin, jeune comédien d'à peine 29 ans. En descendant ce jour-là la rue qui relie l'avenue George-V à l'avenue Montaigne, il se prend à rêver. Tout juste débarqué de Strasbourg et de son cabaret satirique, le voilà dans le VIIIe arrondissement de Paris, à deux pas des Champs-Élysées. Parmi les plus grands noms du journalisme ! Chaque fois qu'il foule le marbre du hall de la station de radio et qu'il gravit les marches de pierre jusqu'à atteindre l'étage des studios, un frisson parcourt son dos. Mais sa joie et sa fierté se teintent peut-être d'un brin de regret. Car, malgré ses succès, il n'est toujours pas devenu un jeune premier : une fois de plus, ignorant ses talents de comédien, on compte ici sur son humour et son sens de la repartie pour divertir et amuser. Parviendra-t-il un jour à réaliser son rêve, son vrai rêve ? S'il en doute, il ne l'avoue à personne, pas même à lui.

Il s'efforce, du mieux qu'il peut, d'aller de l'avant. C'est vrai. Il ne joue pas dans *Hamlet, Phèdre* ou *Antigone.* Mais un jour, cela viendra. En attendant, pour Annie, pour leur petit garçon, il doit gravir un à un les échelons, fût-ce ceux du rire.

Il faut dire qu'à peine arrivé Jacques Martin est fort bien entouré. Dans l'Est, Germain Muller écrivait ses sketchs. Ici, à Paris, c'est le talentueux Gérard Sire qui lui a succédé. Et puis, à l'antenne, il n'est pas seul. La direction de la radio lui a adjoint Jean Yanne, un comédien renommé pour ses « bons mots » provocateurs, toujours à la limite de la cruauté.

« Nous avons débuté ensemble à Europe 1, rappelait Jacques Martin en 2003 après la disparition de son ancien complice. On nous avait réunis parce que lui, on le trouvait un peu trop caustique et que moi, je faisais figure de gentil comédien débarquant de ma province. Ils pensaient qu'en ma présence Yanne allait s'adoucir. Ça a été tout le contraire ! En fait, il m'a "déniaisé". Il m'a poussé à être un peu plus féroce que je ne l'étais naturellement. »

On l'aura compris : les deux hommes, nés avec un mois d'écart seulement, s'entendent à merveille. Il faut dire qu'ils ont bien des points communs. Outre le sens de la dérision, qu'ils manient avec brio, tous les deux sont des écorchés vifs, viscéralement timides et secrètement très cultivés. Et, comme l'écrit à cette époque Albert de Mun dans *Télé 7 Jours,* « S'ils ont grandi sans se connaître, leurs destinées semblent parallèles ».

Jean Yanne, de son vrai nom Jean Roger Gouyé, voit le jour par une telle chaleur qu'il reste nu, sans même un lange. Jacques Martin aime à rappeler que lui aussi a poussé son premier cri par un temps très orageux, puisque ce jour-là Hitler arrivait au pouvoir. Tous les deux grandissent dans des pensionnats religieux et font le désespoir des bons pères, qui tentent désespérément d'en venir à bout. Adolescents, ils montrent un goût très vif pour le théâtre. À 14 ans, Jacques Martin débute dans le rôle de l'innocent de *L'Arlésienne.* Au même âge, Jean Yanne monte une troupe. Comme il manque aux comédiens novices une épée, il démolit une armoire pour la fabriquer à l'aide des morceaux de planches. Résultat : il est renvoyé de son collège. Martin, on l'a vu, n'a échappé que de peu au même sort. Tous les deux, avant d'accéder à une relative notoriété, ont multiplié les petits boulots. Tous les deux sont des passionnés d'écriture et de chant... Seule différence entre les deux compères : le milieu social. Jean Yanne a grandi en banlieue parisienne entre un père ouvrier lithographe puis ébéniste et une mère petite main chez Jeanne Lanvin. Anar, bougon, caustique, grinçant, il se définit par « des idées de gauche avec des mots de droite et une figure de crétin pathologique ». On est loin de la bourgeoisie lyonnaise de Martin. Mais ce mélange détonnant est sans doute la clé de leur succès. L'un, provocateur, fustige en râlant ce que l'autre décape poliment, sans avoir l'air d'y toucher. Le duo fait mouche. « Dès la première émission, on a taillé en croupières une célèbre marque de cosmétiques. Les gens de la pub étaient fous de rage. Jean était ravi. Plus il tapait haut et fort, plus ça le réjouissait », rappelait en souriant Jacques Martin en 2003. Et d'ajouter : « Quand vous aviez Jean dans une émission, c'était de la nitroglycérine. Ça pouvait péter à tout moment. Il avait peur d'être tendre. »

Impayables pour certains, exaspérantes pour d'autres, d'émission en émission, les facéties des deux compères ne laissent personne indifférent. À la direction de la station, on se réjouit du succès d'audience, mais on reste vigilant. Les deux comédiens font de l'audience, mais tout de même, il ne faut pas déraper ! Alors, chaque semaine, avant l'émission, le directeur d'antenne exige de lire leurs sketchs, désormais écrits pour la plupart par Jean Yanne. Mais le comble c'est que – simple paresse ou négligence ? – il se contente d'un contrôle pour le moins approximatif. « Nous nous sommes très vite aperçus qu'en fait il ne lisait que la première page, confiera Jacques Martin à *Télé 7 Jours*. Juste avant d'entrer dans son bureau, Yanne ramassait des papiers par terre et lui donnait le tout. Le directeur nous disait : “Pour cette semaine, ça va” ! Jean me lançait des clins d'œil. Prêt à exploser de rire », dévoilait aussi Jacques Martin bien des annés plus tard.

Le rire. Encore une chose qui rapproche, si besoin était, les deux hommes. Tout comme Jacques Martin, Jean Yanne aime l'insolence, le politiquement incorrect et ne boude pas la vulgarité. Dans les milliers de sketchs qu'il a écrits tout au long de sa carrière, des dizaines de répliques sont devenues cultes. Souvenez-vous : « L'avenir appartient à ceux qui se lèvent tôt, c'est une connerie, prenez les éboueurs... », ou encore : « Se gratter les testicules en public n'a rien de vulgaire, ce qui est vulgaire, c'est de gratter les testicules d'un autre », sans oublier : « Mieux vaut être un crétin qui baise qu'un génie qui se masturbe. » Toute une époque ! Avec de tels aphorismes et malgré les plaintes de quelques grincheux, Jacques et Jean deviennent très vite des stars de la radio.

1963. Bien qu'il ne soit pas revenu à Paris pour jouer la comédie dans un théâtre comme il en rêvait, Jacques Martin n'en est pas moins heureux. Sa carrière démarre sous de bons auspices, on parle de lui, on reconnaît son talent. Sur le plan privé, il est à nouveau papa, cette fois d'une petite fille baptisée Élise. Annie, sa femme, vit en marge de son succès naissant. Elle est sûre qu'il ira loin, qu'il réalisera un à un ses rêves. Son rôle à elle, c'est juste de le rendre heureux. Quand il n'est pas retenu par un dîner, un cocktail mondain indispensable à sa carrière ou simplement par une soirée entre copains, Jacques est auprès d'elle. Elle l'écoute, l'encourage et le soutient. Elle ne demande rien d'autre qu'être la gardienne du foyer rassurant dont il a toujours rêvé. Son équilibre. Son refuge. Elle saute bien sûr de joie quand Jacques Martin lui annonce qu'Europe 1 lui propose de présenter un « Musicorama » en direct de... l'Olympia !

Faut-il le rappeler ? Ce théâtre mythique a tout d'abord été immortalisé par les jeux de jambes et de jupons de la Goulue, en 1883. Bien qu'inauguré à nouveau avec succès par Gilbert Bécaud et Lucienne Delyle le 5 février 1954, il a par la suite connu quelques revers de fortune. Bruno Coquatrix, son propriétaire, a eu bien du mal à maintenir à flots les finances de la salle. Réputée pour ses soirées gratuites à débordements, où le public saccage la salle lors des concerts de Sidney Bechet, Gilbert Bécaud ou des Rolling Stones, le music-hall périclite jusqu'à ce qu'Édith Piaf, par amitié pour son créateur, lui vienne en aide en 1960. La star, tout juste remise d'une opération, accepte de s'y produire pendant seize jours. Elle y restera quatre mois. Depuis, tous les grands noms se bousculent sur cette scène devenue légendaire. Et mieux vaut se demander qui ne s'y est pas produit plutôt que de les citer. La liste serait trop longue et forcément non exhaustive.

L'Olympia ! Lorsqu'il arrive devant la salle de spectacle du 28, boulevard des Capucines, Jacques Martin ne se tient plus de joie. Lui, le Lyonnais autodidacte, va fouler des planches historiques. Et pas seulement pour une représentation. Mais pour intégrer une émission-phare ! Son principe ? « Musicorama » est un radio-crochet inventé par les créateurs d'Europe 1, Louis Merlin et Pierre Delanoë. La « Star Academy » de l'époque, en quelque sorte. Et c'est Jacques Martin, âgé d'à peine 30 ans, qui a la rude charge de présenter les candidats aux deux mille personnes présentes dans la salle, mais aussi à ceux qui écoutent derrière leur poste...

Des rideaux de velours rouge. Une acoustique exemplaire. Une configuration très particulière, dotée d'un balcon d'où rien n'échappe à l'œil. Chaque fois qu'il entre à l'Olympia, Jacques Martin sent la tête lui tourner. Car, tous les soirs ou presque, Musicorama révèle une future grande vedette. Hughes Aufray, Georges Moustaki, Dalida, Johnny Hallyday, sans oublier Nancy Holloway, la « perle noire », venue chanter *Dernier Baiser* et *T'en va pas comme ça* au cours d'une soirée mémorable ! Après les grands noms du journalisme, Jacques marche à présent sur les traces des stars du music-hall. Lui qui s'est découvert une voix de baryton pendant ses années militaires ne boude pas son plaisir. Reste bien sûr que l'on attend de lui la même chose que sur Télé-Strasbourg : être le faire-valoir des artistes. Le prestige en plus. En est-il vraiment satisfait ? Ou bien espère-t-il encore qu'un jour c'est lui qui sera véritablement sur le devant de la scène ? Quoi qu'il en soit, il fait son travail du mieux qu'il peut. Pour mettre en valeur « ses » candidats, il n'hésite pas à se transformer en humoriste, offrant même quelques sketchs de sa composition. Son premier one-man show en quelque sorte. Parfois caustique, souvent ironique, Jacques Martin n'est cependant jamais méchant. Le public apprécie. Jacques, lui, se régale et envisage pour la première fois de faire, un jour prochain, un spectacle où il serait seul en scène : « Mon but est de faire rire parce que je crois que, de tous les moyens de communication du spectacle, c'est à mon sens le plus élégant », confiait-il un jour à Jacques Chancel.

Il n'est pas sûr qu'il ait été totalement sincère. Mais voilà. Pour lui, impossible de fuir cet humour qui, depuis de longues années maintenant, lui colle à la peau !

« "1 = 3" ? Cette émission a été créée au hasard d'un trou dans la programmation du mois de juin ou de juillet. On nous a proposé, à Jean Yanne et à moi, de faire un petit quarante-cinq minutes. Nous avons imaginé ce concept. Nous l'avons appelée "1 = 3" en souvenir d'une nouvelle d'Alphonse Allais ! »

Voilà comment, interwievé en 1993 sur Antenne 2 dans « Notre télévision », Jacques Martin parle de « sa » première émission sur la télévision nationale. Et d'ajouter, faussement modeste : « Nous sommes partis naïfs, Jean Yanne et moi. Avec tout ce que nous portions d'irrévérence, de rire non conventionnel pour l'époque. »

Effectivement, « 1 = 3 » ne ressemble, c'est le moins que l'on puisse dire, à rien que les téléspectateurs français aient déjà vu. Car, à défaut d'élégance, l'humour est bien au rendez-vous et, pour la première fois, les sketchs des deux compères qui, jusque-là, faisaient rire les oreilles, amusent les yeux. Pour « monter » l'émission, Martin et Yanne se sont donné beaucoup de mal. Durant tout un été, ils s'enferment pour travailler durant de longues, très longues journées. Le matin, tout va bien. À midi, les choses se gâtent. Au soir, les voilà fâchés. À minuit, ils sont réconciliés et tout recommence le lendemain. Le résultat ? Pour commencer, un générique plutôt déjanté, au cours duquel l'on assiste en direct à la mise à sac d'un tube de mayonnaise, entre autres, bien sûr. Place ensuite à Jean Yanne et Jacques Martin, assis côte à côte sur un fond d'incrustation, qui présentent fièrement leur « bébé » :

— Mesdames et messieurs bonsoir, commence Jean Yanne, nous allons vous présenter la première émission d'une série qui doit en principe en comporter deux cent soixante-seize. Deux cent soixante-seize, à raison d'une par mois, ça fait environ vingt-trois ans.

— Donc pendant vingt-trois ans, continue Jacques Martin, qui visiblement s'amuse comme un petit fou, nous allons vous présenter des images, c'est-à-dire jusqu'en 1987 environ. Certaines de ces images sont anodines. D'autres, par contre, sont franchement insoutenables. »

Pince-sans-rire, le tandem donne le ton ! « 1 = 3 » sera loufoque ou ne sera pas. Yanne et Martin commencent leur programme par un sketch sur le prix de la viande, arguant que, pour le faire baisser, il faut attendrir le boucher. Pour le prouver, Jacques Martin endosse le rôle dudit boucher, fond en larmes devant la cliente qui lui raconte son enfance malheureuse et lui offre la totalité de la viande de son échoppe. Ce n'est qu'un hors-d'œuvre. En plat de résistance vient une critique sévère des problèmes de politique intérieure de l'époque. Dans cette première émission, on assiste en effet à une succession de saynètes « abracadabrantesques » sur les turpitudes du « pékin moyen » au quotidien. Un jeune fils à papa obligé de travailler deux mois avec les ouvriers de son usine pour mieux connaître ceux qu'il va diriger en tire une comédie musicale sur l'amour inconditionnel des employés pour leur patron, une réunion de syndicat devient un bal mondain où les hommes dansent entre eux... Premier, deuxième, troisième degré, il y en a pour tous les goûts. Un genre nouveau et efficace qui depuis a fait recette. Le duo Yanne et Martin n'épargne personne et se paie le luxe de finir en chanson : « Mesdames, messieurs, pendant l'émission, un homme est venu nous trouver. Cet homme, c'est Sylvain Poitrier, un compositeur jamais chanté qui nous a convaincus par son talent et un gros chèque de vous interpréter *Gloire aux genoux !* »

Devant leur écran, les téléspectateurs, un rien déboussolés, tout à fait ébahis, assistent au début du « politiquement incorrect » et comprennent qu'il n'y a plus de limites, tant le tandem va loin... sans en avoir l'air. Marcel, ancien viticulteur aujourd'hui octogénaire, se souvient avoir été partagé entre l'amusement et l'indignation : « C'était nouveau pour nous et je ne saurais pas expliquer pourquoi certains sketchs étaient moins choquants quand on les entendait à la radio plutôt qu'à la télévision... Ça faisait plus vrai, plus sérieux avec les costumes ! En tout cas, je me rappelle qu'à l'époque on ne parlait que de ça entre nous, et on s'est surpris à attendre la prochaine émission. »

« Est-ce que ça a marché ? » Telle est sans aucun doute la question que se sont posée Jean Yanne et Jacques Martin à la fin de leur premier show. Et il est à peu près sûr, aussi, qu'ils en font le *debrief*, comme on dit dans le métier, avant même d'avoir été démaquillés. Autour d'eux, les réactions sont positives. Les techniciens rient encore de ce qu'ils viennent de filmer. Les assistants les félicitent. Seulement voilà.

Alors que les lumières du studio d'enregistrement s'éteignent une à une, tandis que le silence se fait sur le plateau déserté, les deux complices se laissent peut-être gagner par le doute. Leur humour n'a-t-il pas été un peu trop déjanté ? Se sont-ils fait comprendre du public ? N'auraient-ils pas dû supprimer tel ou tel sketch ? Et eux, ont-ils été bons ?

Jacques Martin et Jean Yanne ne tardent pas à avoir la réponse à toutes ces questions. Car, passé le premier étonnement – « Attendons l'émission suivante pour nous prononcer », lit-on dans *Télé 7 Jours* – les critiques des spécialistes se font très positives. « C'est l'émission la plus drôle que la TV nous ait donnée depuis longtemps », écrit encore *Télé 7 Jours*. « Burlesque », « caricatural », « satirique », les adjectifs ne manquent pas pour qualifier ce programme d'un genre décidément très nouveau. Une seule caméra, des costumes de toutes sortes, une image en noir et blanc. À petits moyens effet maximal. Rapidement, « 1 = 3 » fait fureur au box-office des émissions les plus regardées. Parmi les aficionados de l'époque, Thierry Ardisson se souvient en avoir pris de la graine : « [...] C'était une émission décapante, extrêmement violente pour l'époque. Si j'ai fait ce que j'ai fait après à la télévision, c'est vraiment parce que j'avais été un téléspectateur de "1 = 3", [...]. Pour moi, Jacques Martin restera toujours ce personnage qui, quand j'avais 16 ans, m'a fait voir qu'à la télévision on pouvait faire des choses iconoclastes et décapantes. »

Hélas, les précurseurs sont rarement encensés jusqu'au bout. Et il faut bien dire que, quel que soit le thème traité dans leurs sketchs, Yanne et Martin se lâchent. Dans « 1 = 3 », ils abordent tous les sujets, même les plus délicats : dérives sportives, inefficacité des syndicats, autosatisfaction des hommes de pouvoir… Jean Yanne endosse même, face à la caméra, le rôle du parfait Français moyen d'un mètre soixante-dix et quatre-vingts kilos qui obéit scrupuleusement à ce que lui conseillent « ceux de la télévision » en matière de nourriture, de boissons ou d'achats. Pour conclure, d'une voix morne, que tout ça c'est bien joli mais que le problème, c'est qu'il « s'emmerde » ! Bref, *via* leurs facéties, leurs râleries, leurs outrecuidances, Jean Yanne et Jacques Martin se permettent insidieusement de guider les Français dans leur jugement. Cela ne plaît pas à tout le monde. Mais, ce qui va faire basculer définitivement les choses, c'est ce que l'on a appelé « le sketch de trop ».

26 mars 1964. Jean Yanne et Jacques Martin mettent en scène le premier « Tour d'Europe cycliste » entre Iéna et Waterloo : une étape de trois cent soixante-dix-huit kilomètres. Un peloton de cyclistes vêtus d'habits napoléoniens lutte contre les Anglais dans un tour d'Europe à vélo bien sûr totalement imaginaire. Tout en pédalant, Napoléon (Jean Yanne), les maréchaux Masséna (Lawrence Riesner), Murat (Paul Mercey) et le général Cambronne (Jacques Martin) parlent stratégie de course, de Waterloo à l'île d'Elbe. Le sprint final, qui a lieu dans le vélodrome de Waterloo, voit la défaite de Napoléon… classé second ! Aujourd'hui, on en rirait sans doute. À l'époque, c'est un tollé. Alain Peyrefitte, alors ministre de l'Information, croule sous les plaintes de téléspectateurs mais aussi de la police, qui n'a pas digéré l'incitation à « manger du poulet », faite par nos deux compères dans la même émission. « Ç'a été un scandale immense, expliquait Jacques Martin à Pierre Tchernia en 1988. Les téléspectateurs corses ont brandi le

fanion de la révolte. Un député, un sénateur et je ne sais plus quel homme politique ont exigé que Jean Yanne et moi fassions un autodafé de ce sketch. Ils voulaient aussi que nous présentions des excuses et que nous nous rendions en délégation au tombeau de l'Empereur à Paris. Évidemment, on n'a pas fait tout ça, parce qu'on avait pris Me Floriot pour avocat. Quand les gens ont vu que ça allait mal tourner, que ça allait devenir un procès ridicule, ils en sont restés là. »

N'empêche. Désormais, à l'ORTF, plus personne ne rit de l'insolence du tandem. Pire encore. On met en application l'ordre « venu d'en haut » d'arrêter l'émission. « 1 = 3 », c'est fini. Martin et Yanne sont virés. Mi-déçu, mi-furieux, Jacques Martin se rappelle l'époque de ses débuts sur Télé-Strasbourg. Une fois encore, son humour trop décalé, ajouté à l'influence de Jean Yanne, lui a fait perdre sa place. Mais cette fois, il ne se trouve aucun Germain Muller pour plaider sa cause. Échaudé, il se jure cette fois de ne jamais plus remettre les pieds sur un plateau de télévision. Il décide de mobiliser désormais toute son énergie à l'écriture du spectacle qu'il s'était promis de jouer à l'Olympia.

C'est compter sans le public ! Ce public auprès duquel il est devenu si populaire gronde et le réclame…

5

« À la télé, nous sommes tous des enfants de Jacques Martin.
J'ai été connue avec et grâce à lui. Il improvisait,
il fallait réagir au quart de tour.
Il avait le sens du mot "populaire". »

(Danièle Gilbert)

Autant l'écrire : avec Jacques Martin, impossible d'être exhaustif. Ce diable d'homme a fait tant de choses, si différentes les unes des autres, qu'il serait fastidieux de les énumérer *in extenso*. Allons donc à l'essentiel, et écrivons simplement qu'après son renvoi pur et simple de l'ORTF, il a une nouvelle fois su prouver qu'il avait plusieurs cordes à son arc. D'accord, des « fâcheux » lui ont confisqué « son » émission. On l'a puni, comme on le faisait au pensionnat, quand il était trop insolent. Eh bien ! en digne petit-fils du grand Johannès Ducerf, il va prouver qu'il peut rebondir. La preuve ? Il parvient à « décrocher » la première partie de Jacques Brel à l'Olympia. Ne s'était-il pas promis d'y revenir seul un jour prochain ? Ce théâtre va lui porter chance, il en est convaincu. Sur scène, il fait interpréter à ses musiciens, entre autres, une version rock de *L'Internationale,* et joue pour la première fois son sketch du ténor qui veut mourir sur scène mais souhaite, auparavant, dire au revoir à sa mère en chansons. Un morceau de bravoure devenu culte. Derrière lui, l'orchestre au grand complet étouffe de rire, comme l'explique Robert Quibel, son éternel ami musicien, dont il fait la connaissance à cette époque. Et ce n'est pas tout : Jacques Martin, le boulimique de travail, écrit et produit sa propre comédie musicale, un one-man show intitulé *Petitpatapon,* écrit avec un jeune auteur alors inconnu, petit-neveu de Tristan Bernard : Francis Veber. Ce spectacle, joué sur la scène de Bobino, est couronné de succès. À la direction de RTL, on se mord les doigts de s'être séparé de son auteur. Son insolence avait eu raison de la patience de la direction. Dommage. Fort de son succès, il se lance dans la rédaction d'un livre, songe même à un scénario de film. Bref, de 1965 à 1968, il touche à tout. Un lutin qui rit, court, se met en scène, continue, envers et contre tous, à suivre la voie qu'il s'est tracée : devenir célèbre, récolter les applaudissements d'un public ébahi, être aimé de tous, tout le temps, et sans une seule note discordante.

Hélas, en dépit de ses efforts, ni sa vie publique ni sa vie privée ne le satisfont totalement. La scène lui réussit, mais avec une certaine modération. Son histoire d'amour avec Annie se délite. Il l'a beaucoup aimée. Il a trouvé en elle un port d'attache, un réconfort, une amante et une amie. Mais le tourbillon de la vie, comme le chante si joliment Jeanne Moreau, est en train de les séparer. En réalité, il ne pense plus qu'à sa carrière. S'ensuit un divorce douloureux pour elle comme pour lui, avec deux tout petits enfants au milieu. Jacques Martin l'orphelin souffre de la situation. Mais il y a beau temps qu'il ne se laisse plus guider, à supposer qu'il l'ait fait un jour, par le chagrin ou la déception. Il a aimé Annie. Il ne l'aime plus, ou à tout le moins, plus comme avant. Ce qui compte, c'est d'avancer. De bouger. De gagner. De séduire. Et cela, 1968 et son cortège de bouleversements va le lui offrir.

On s'en souvient : à cette époque, après un joli mois de mai passé de barricade en revendications, tout doit avancer, et le plus vite possible. Il faut jouir sans entraves, libérer la parole, travailler moins pour gagner plus, un rêve décidément oublié quarante ans plus tard. Une époque où l'on veut changer le monde, le dépoussiérer. Au sein du MLF, les femmes revendiquent l'égalité. Une poignée de journalistes fonde *Libération*. Et, à la télévision comme ailleurs, les programmes évoluent…

« D'un coup, tout ce qui était diffusé avant les événements était vieillot, nous explique le grand producteur et réalisateur Georges Folgoas. Il fallait tout bouleverser ! Alors que j'étais à Cannes pour terminer un montage, le directeur des informations a débarqué au Palm Beach. Il m'a dit : "Ah ! tu es là ! J'ai eu un mal de chien à te trouver ! Maintenant que je t'ai sous la main, je ne te lâche plus. Il me faut une émission qui marche à midi. On ne veut plus de 'Paris-club'. Démerde-toi pour la monter." Évidemment, c'était pour la rentrée… »

Mais il en faut plus pour faire reculer Folgoas. À 41 ans, il figure déjà parmi les grands noms de la télévision française. Il imagine, sans trop de peine, ce qui deviendra par la suite « Midi-Magazine », l'une des émissions-cultes de millions de Français. Son concept ? À l'heure du déjeuner, pour « accrocher » le téléspectateur, il faut lui proposer un peu de culturel, mais surtout des reportages, des chansons, du rire et de la bonne humeur. François Chalais est sollicité pour la critique cinéma. Jean-Jacques Gautier fera celle du théâtre. Les stars de l'époque sont conviées à pousser la chansonnette. Un « cocktail » qui devrait plaire même si, côté décor, les choses restent pour le moins basiques. « De Cannes, explique Georges Folgoas, je ne pouvais bien sûr pas commander un décor. Du coup, j'ai dit : "Tout blanc." Comme ça, c'était réglé ! »

Et c'est ainsi que « Midi-Magazine » voit le jour. Malheureusement, les débuts de l'émission, dont la première est diffusée le 10 septembre 1968, sont difficiles. Le public boude. Reste à comprendre pourquoi : trop mollassonne ? Trop banale ? Trop intellectuelle ? Trop ceci, pas assez cela… les dirigeants de la chaîne remontent au créneau. Le ton est cinglant.

« Georges, il faut que tu nous trouves un animateur qui fasse monter la mayonnaise, tranche Pierre Sabbagh. Cherche. Sinon, on arrête… »

Un animateur ? Georges Folgoas s'ouvre du problème à sa femme, avec laquelle il travaille à cette époque. Après avoir réfléchi quelques minutes, elle lâche : « Et si tu essayais Jacques Martin ? »

« C'était une excellente idée, se souvient Georges Folgoas. Pour avoir travaillé un peu avec lui, je connaissais son côté "poil à gratter", son humour, sa verve, son talent d'imitateur. Bref, il me paraissait être l'homme de la situation. Je lui ai passé un coup de fil tout de suite. Je lui ai dit : "Voilà. Je voudrais que tu présentes une émission de variétés à midi. Tu es d'accord ?" »

Eh bien non ! Aussi surprenant que cela puisse paraître, Jacques Martin n'est pas d'accord. Oh ! bien sûr, il est secrètement flatté qu'un « grand » comme Folgoas l'appelle, flatté, aussi, qu'on lui demande de revenir à la télé. Mais justement. Après ses récents déboires, et ses péripéties sur Télé-Strasbourg, il a juré qu'on ne l'y reprendrait plus. Lui, ce qu'il veut, on ne le répétera jamais assez, c'est jouer la comédie. Ou, à la rigueur, chanter. La nature l'a doté d'un bel organe. Il excelle dans tous les registres, et surtout, comme il aime le dire, il est « amoureux de la musique et des bonnes chansons ». Des critiques s'extasient même sur sa voix : « Il chante admirablement avec un registre de voix qui va de Sinatra à Régine Crespin, en passant par Mario del Monaco », écrira l'un d'eux. Fort de tout cela, pourquoi irait-il, une fois encore, faire le clown à la télévision ? D'un autre côté, il ne veut pas froisser Georges Folgoas. Et celui-ci insiste !

« À force de diatribes, explique Folgoas, il a fini par dire oui. Mais pour deux émissions seulement ! Moi, je me suis dit : "Allons, c'est toujours ça de pris !" On l'a collé sur le plateau, entre deux infos et deux chanteurs. Et il s'est débrouillé comme un chef ! Le lendemain, tout le monde en parlait dans Paris. Le surlendemain, on faisait un triomphe dans les journaux. Du coup, Jacques a accepté de faire la semaine. »

Et, pour finir, de semaine en semaine, il reste et enchaîne les directs. Comment partirait-il, d'ailleurs ? La critique l'encense. Les téléspectateurs lui envoient des lettres par centaines. Il s'amuse comme un petit fou devant des caméras auxquelles, finalement, il s'habitue. Il n'est toujours pas acteur. Il n'est toujours pas chanteur. Mais, même derrière l'écran, il a son compte de bravos. Ces « bravos qui effacent la sensation d'être un mal-aimé », comme il le confiera plus tard à Jacques Chancel. Et c'est ainsi que l'aventure de « Midi-Magazine », qui paraissait si mal engagée, devient un succès grâce à lui. Mieux encore : après une absence de quelques semaines, au cours desquelles il est remplacé, notamment par un Coluche débutant, Jacques Martin en devient à la fois le pivot et le moteur.

« Il était incroyable, confie Georges Folgoas. Il arrivait tous les matins avec une nouvelle idée. Et tous les jours, il devenait meilleur ! En fait, j'ai le sentiment d'avoir assisté à sa transformation. Quand on l'a engagé pour "Midi-Magazine", il était connu, bien sûr, mais pas tant que ça. C'était un petit bonhomme, si je puis dire. Passé quelques mois, on en a fait une véritable vedette. »

Mais la vedette en question n'est pas toujours d'un maniement facile. Car, il faut bien le dire, au fur et à mesure que sa popularité augmente, le caractère de Jacques Martin se fait de moins en moins souple. Il était soupe au lait, le voilà qui devient colérique. Tyrannique, même. Le succès lui monterait-il à la tête ou serait-ce l'héritage génétique d'un grand-père qui, raconte-t-on, n'était pas des plus tendres ? Quoi qu'il en soit, bien des techniciens en sont témoins, il n'est pas toujours facile de le gérer, même si son talent fait pardonner certaines de ses algarades... Au fond, peu importe le caractère de l'animateur, quand à l'écran rien de tout cela ne transparaît.

1969. Il devait rester une semaine, voilà un an maintenant qu'il est l'animateur-vedette de cette émission de la mi-journée, aux côtés bien sûr de Danièle Gilbert. Une jolie blonde à la silhouette élancée et au visage rieur, qui a débuté en animant les programmes régionaux dans son Auvergne natale. Elle a quitté sa ville de Chamalières pour animer l'émission de Max Favalelli « Sept et deux », supprimée après mai 1968. « Récupérée » par Georges Folgoas aux premiers jours de l'émission, Danièle Gilbert est devenue un personnage incontournable de « Midi-Magazine » mais aussi le souffre-douleur de Jacques Martin. À l'antenne, il lui tire les cheveux. Il lui tresse des nattes. Il lui fait des farces. Il rit aux larmes après l'avoir poussée, tout habillée et en direct, bien sûr, dans une piscine. Il se gausse même de sa grande taille et la surnomme « la grande Duduche ».

Mais, quoi qu'il fasse, elle ne lui en veut pas. À chaque moquerie, elle conserve le sourire timide et enjôleur d'une petite fille surprise en train de faire une bêtise. Son rôle est parfaitement défini : être le faire-valoir de Jacques Martin, soumise mais pas idiote. Hors antenne, ils s'entendent même assez bien. Fort de son ascendance et de son expérience, il s'improvise même Pygmalion, et il lui apprend, dira-t-elle plus tard, « tout ce qu'elle sait ». Bref, au fil des émissions, ils deviennent indissociables. Les Laurel et Hardy du déjeuner en quelque sorte…

« Eh ! Poussez pas ! »

1970. Comme tous les jours, devant la Maison de la radio, c'est la même chose. Les huissiers du « studio 101 » ont bien du mal à contrôler la petite foule qui veut assister à l'enregistrement en direct de « Midi-Magazine ». Pour y parvenir, il faut un sésame : ce précieux billet que l'on peut se procurer dans le grand hall d'entrée. À condition, bien sûr, de s'y prendre à l'avance ! Certains se sont levés aux aurores pour être là à temps. Lorsque les portes s'ouvrent enfin, ils entrent dans le saint des saints avec un sourire ravi aux lèvres. Car ils le savent : ce qui les attend est mémorable.

Il y a les artistes qui, chaque jour, sont plus nombreux, une sonorisation améliorée leur permet à présent de chanter en direct. Il y a également l'ineffable Danièle Gilbert, toujours de bonne humeur, et qui sait avec talent multiplier les fausses gaffes. Mais aussi, mais surtout, il y a Jacques Martin, un Martin qui est désormais très populaire auprès du public. Et pour cause ! À lui tout seul, l'homme déborde d'inventivité.

« Sur scène, il avait une incroyable capacité d'improvisation », dit Georges Folgoas.

Sans le savoir, le producteur de l'émission reprend à son compte les mots prononcés par Germain Muller, bien des années plus tôt à Strasbourg. Mais l'« impro », comme on dit, ce n'est pas tout. Pour être le meilleur, Jacques Martin sait aussi s'entourer d'une équipe talentueuse. À commencer par deux vieux complices : Popoff le pianiste chauve et Kiki le contrebassiste chevelu ! Popoff, de son vrai nom Jean Baïtzouroff, est d'origine russe. Il a écrit les orchestrations de la comédie musicale *Petitpatapon* en huit jours seulement – le délai que Jacques Martin a bien voulu lui laisser ! Kiki, alias Robert Quibel, qui faisait partie de l'orchestre de l'Olympia. À eux deux, ils font une vraie paire ! Leur devise : « Travailler, c'est bien, mais s'il fallait s'ennuyer aussi, ça n'irait plus. » Cela tombe bien, avec Martin, ni l'un ni l'autre ne s'ennuie. Il faut en effet presque tout faire au dernier moment. Car l'homme ne travaille bien qu'avec un couteau dans les reins !

« Par peur sans doute de se jeter à l'eau, raconte Robert Quibel, il retardait le plus possible le moment de retrousser ses manches. Nous, on attendait. Mais pas pour rien ! Sous l'effet de l'aiguillon du temps, Jacques devenait un véritable feu d'artifice d'inventions et de gags. Une heure avant que l'émission commence, il était au top ! »

Dans ces conditions, préparer « Midi-Magazine » n'est pas toujours facile. Reste qu'à l'époque ni Kiki ni Popoff n'auraient donné leur place pour un empire. Car, avec Jacques Martin, ils ne sont pas seulement des musiciens : ils font aussi partie intégrante du show ! Ils assistent à des scènes pour le moins burlesques, comme celle au cours de laquelle Martin, très en forme, « invente » la fameuse, l'incroyable, l'inoubliable Mme Berrichon !

Peu de gens savent qu'elle est née par hasard, un jour, au détour des coulisses, à cause d'une perruque grise abandonnée par terre. Cette perruque, Jacques Martin la ramasse. Puis pour s'amuser, il s'en coiffe, va se regarder dans une glace et constate qu'il a l'air d'une vieille dame tout droit débarquée de sa province. Nul autre que lui, sans doute, n'aurait eu l'idée de tirer parti de ce déguisement improvisé. Lui, si. Car à cet instant, il n'est plus Jacques Martin, présentateur reconnu et grand cuisinier devant l'Éternel. Mais une brave grand-mère aux pieds solidement ancrés dans le sol de la campagne française ! « Je me suis dit : elle sera formidable à l'antenne, précisera-t-il plus tard dans *Télé 7 Jours*. Mais je devais lui trouver un nom ! Le premier qui m'est venu à l'esprit est celui de Mme Perrichon. Pas en souvenir de Labiche, mais parce que l'un de mes collègues de "Midi-Magazine" portait ce patronyme. J'y ai finalement renoncé, pour ne pas que la fille de cet ami soit la risée de sa classe. Et du coup, j'ai appelé mon personnage "Mme Berrichon". »

Dès le lendemain, la brave vieille, chaussée de lunettes et coiffée d'un petit chapeau à voilette, est l'invitée surprise de « Midi-Magazine ». Et, comme prévu, elle fait un tabac ! « On a reçu des dizaines de lettres de félicitations, explique Georges Folgoas. Mais le plus drôle, c'est que certains téléspectateurs n'ont pas reconnu Jacques Martin, et qu'ils ont adressé leur courrier… à Mme Berrichon en personne ! »

Effectivement, la vieille dame reçoit des demandes d'autographes, de conseils, Et même deux demandes en mariage ! Quant à l'audience, elle s'envole. De quoi mettre en joie Jacques Martin, et décider Georges Folgoas à faire voyager cette vedette d'un nouveau genre dans toute la France. « Le voyage de Mme Berrichon » sera diffusé en *prime,* comme on dit maintenant, c'est-à-dire à 20 h 30. Il est tourné dans le Berry, bien sûr, mais aussi en Auvergne, où le ministre des Finances, Valéry Giscard d'Estaing, joue de l'accordéon, en personne, devant l'aïeule. Une scène qui, aujourd'hui encore, reste un morceau d'anthologie que « Les Enfants de la télé » ne se lassent pas de repasser.

Grâce à « Midi-Magazine », au succès et à la reconnaissance du public, Jacques Martin revient peu à peu sur sa décision de ne plus faire de télévision. En effet, pour la première fois et sur une longue période, il est aimé. Le public, très large, le lui dit ou le lui écrit. Les dirigeants de la chaîne l'apprécient. Une première : il fait l'unanimité. Comment, alors, ne pas envisager, peut-être, une carrière derrière le petit écran ? Même si l'on rêve toujours d'être un « jeune premier »...

6

« Je suis parti pour faire une psychanalyse
qui aura duré huit ans,
au terme de laquelle je suis sorti vivant et heureux.
J'avais fait le plus beau et le plus merveilleux des voyages. »

(Jacques Martin)

Il est célèbre. On l'aborde quand il marche dans la rue pour lui dire combien on l'apprécie. Il signe des autographes à tour de bras. Les professionnels de l'audiovisuel lui font la cour. Jacques Martin, après son immense succès dans « Midi-Magazine », pourrait se considérer comme un homme arrivé. Pourtant, tel n'est pas le cas, bien au contraire. Car si sa vie publique est très réussie, sa vie privée, elle, est en berne. Il a fini par divorcer. Annie, son amour de jeunesse, a quitté le domicile conjugal, emmenant avec elle leurs deux enfants. Une déchirure pour Jacques Martin, qui a grandi sans père et supporte mal de ne voir ses « petits », comme il les appelle, que quelques heures par-ci, par-là.

Bien sûr, il ne montre rien de son mal-être. Comment pourrait-il faire autrement, d'ailleurs ? Depuis l'enfance, il a appris à cacher toutes ses détresses. Alors, en comédien professionnel, il fait le beau, sourit, s'exhibe partout là où il faut être, roule à tombeau ouvert dans une Maserati jaune d'or dont il se montre très fier. Et si sa nouvelle conquête, la comédienne Marion Game, la trouve « tape-à-l'œil », il refuse de s'en séparer, pour le moment du moins. Mais tout de même. Maserati ou pas, nouvel amour ou non, quelque chose cloche, il le sent bien. Une fêlure, installée depuis longtemps, qui menace de s'agrandir, et de tout engloutir. Jacques Martin dort mal. Il se lève avec peine, mange trop ou pas assez, ne se ressource que dans un travail de plus en plus intense qui l'épuise. Parfois, il sent des larmes lui monter aux yeux. Allons, pourquoi pleurerait-il ? Il n'y a pas de quoi, s'il récapitule tout ce qu'il a fait depuis ses 15 ans. Il ravale ses sanglots, relève la tête, va à nouveau de l'avant. Il redevient le Martin gai et fier que tous connaissent et apprécient. Mais les larmes reviennent, toujours plus nombreuses. Décidément, quelque chose se casse. Alors lui, le fanfaron, l'orgueilleux, le plaisantin, écoute les conseils de l'un de ses amis et se décide à demander de l'aide. C'est ainsi, aussi incroyable que cela puisse paraître, qu'il commence le long voyage intérieur qu'impose une psychanalyse.

Ce voyage-là se déroule dans le cabinet d'un analyste renommé. L'homme exerce dans un immeuble parisien cossu, et son intérieur est à son image. Raffiné mais neutre, chaleureux mais distancié. Dans la salle d'attente, des revues de psychanalyse. Dans le bureau, un divan, sur lequel Jacques Martin ne s'allonge pas. Il préfère parler face à son interlocuteur, qui lui répond, ce qui n'est pas toujours le cas de ses confrères. Et, d'emblée, un échange se noue. « J'ai tout de suite eu l'impression de jouer un jeu dont je connaissais parfaitement les règles depuis l'âge de 4 ans, dira-t-il plus tard. Et je n'ai eu aucun mal à me raconter. À force de parler, j'ai pu voir le doigt que j'avais devant le nez et qui me faisait loucher. La psychanalyse, c'est ça. Quelqu'un qui dit : "Docteur, je viens vous voir parce que j'ai l'impression que je louche." Tant que l'intéressé ne comprend pas qu'il a un doigt devant le nez et que, s'il l'ôte, il ne louche plus, eh bien ! il n'est pas guéri ! »

Et ce « doigt devant le nez », Jacques Martin ne tarde pas à le comprendre, si ce n'était déjà fait, ce sont bien sûr ses rapports avec cette mère qui l'a mis en pension, et son enfance sans père. Avec son analyste, il revit, un à un, tous les moments de chagrin qui le hantent encore et qui l'ont façonné. La première séparation, au seuil de l'école, sa mère qui lui donne un dernier baiser avant de s'en aller alors qu'il espère, contre toute attente, qu'elle va changer d'avis, revenir sur ses pas, courir vers lui, le prendre dans ses bras, l'arracher au sort qu'elle a scellé pour lui. La première nuit passée dans le dortoir des bons pères, ce petit lit aux draps immaculés mais si rêches, la couverture de laine marron qui pique les bras et les joues, et ces larmes qui coulent une à une sans qu'il puisse les retenir. Le froid du petit matin, au lever, quand l'hiver laisse sur les vitres un liseré de glace. L'attente du vendredi soir, de cette sortie qui permettra, enfin, de revenir à une vie normale. La douceur du baiser de sa mère, l'odeur de son parfum, sa main qu'il serre de nouveau, moitié heureux, moitié inquiet à l'idée qu'après la parenthèse du week-end il faudra de nouveau la lâcher. La vie qui ne devient qu'une succession de séparations et de retrouvailles, d'attentes et de joies timides. La musique qui comble sa peine quand sa mère l'emmène à l'opéra, l'endroit qu'il préfère au monde. Les punitions des « bons pères », les pleurs de nouveau dans le dortoir, lorsque toutes les lumières sont éteintes. La rage qui monte, irrépressible, l'envie de partir, de fuir, les plans secrets que l'on tricote dans sa tête pour ne pas sombrer. C'est tout cela qui lui revient, tout cela qu'il confie, par des mots qui sortent de sa bouche comme un torrent, pour venir un à un se briser dans le silence de la pièce. Et, pour finir, la conclusion, que Jacques Martin osera exprimer plus tard publiquement : « J'ai développé un amour-haine pour ma mère, parce qu'un enfant, même si la raison pour laquelle sa mère le met en pension très jeune est bonne, en déduit : "Elle m'a quitté parce qu'elle ne m'aime pas, et si elle ne m'aime pas, c'est que je ne suis pas beau." C'est un déchirement qui vous poursuit longtemps. »

Un déchirement. Le mot est enfin lâché. Jacques Martin reconnaît enfin que, sous sa carapace d'humoriste, il est vulnérable, fragile. Et cette confession, faite à son analyste avant de l'être à la presse, signe un début de guérison – encore qu'à notre sens celle-ci ne sera jamais totale. Mais leurs entretiens lui donneront, sans doute, le courage de revoir cette mère qui l'a si cruellement « lâché » quand il était enfant.

« Un jour, explique son ami musicien Robert Quibel, il m'a dit : "J'ai fait la paix avec ma mère." Ensuite, on est allés plusieurs fois la voir ensemble, quand on passait par Lyon. »

Un peu plus tard encore, Jacques Martin aura, enfin, une vraie conversation avec cette mère si discrète, si secrète.

« C'est arrivé par hasard, expliquera-t-il. Et ça été le plus beau jour de ma vie. Un soir, ma mère s'est racontée. Alors j'ai branché le magnétophone. Et plus elle se racontait, plus je m'apercevais qu'elle était semblable à moi, complètement moi, plus que moi avec mes qualités et mes défauts. En somme, je l'avais imaginée dans le ciel, une sorte d'étoile polaire... En réalité, elle était là, tout près. Ça nous a rapprochés passionnément. On était tout près l'un de l'autre. »

En est-il moins orphelin pour autant ? Ce qui est sûr, en tout cas, c'est que, même en faisant une psychanalyse, Jacques Martin n'est pas comme les autres. Il va régulièrement voir son analyste, bien sûr. Mais il se passionne aussi pour la théorie, lit « Freud », son maître à penser. Il s'essaie également à d'autres techniques de thérapies, bien moins classiques celles-là !

Du ciel bleu. Un grand soleil. Nous ne sommes pas dans le Midi mais en... Californie. L'endroit où Jacques Martin a décidé de se rendre pour expérimenter le « caisson sensoriel », technique de soin et de relaxation très à la mode dans les années 1970. Rien n'a pu le faire changer d'avis. Ni la longueur du voyage ni les conseils de ses proches, l'assurant qu'il allait se trouver face à des charlatans et qu'il perdait et son temps et son argent. Avec sa force de caractère habituelle, Martin passe outre et arrive enfin dans l'institut choisi. Un bel établissement flambant neuf où on l'accueille avec déférence, respect, calme, douceur et gentillesse.

« On m'a placé dans un caisson rempli d'eau tellement salée que j'étais censé être en état d'apesanteur, expliquera-t-il à *Télé 7 Jours*. Et on a refermé. J'étais censé retrouver le paradis du ventre de ma mère, me recréer, flotter en toute liberté. Ça n'a pas marché du tout sur moi. J'étais terrorisé. Au bout de deux minutes, j'ai hurlé pour qu'on me sorte de là... »

Freud appréciera. Jacques Martin, lui, n'en restera pas moins toute sa vie d'une curiosité extrême pour tout ce qui concerne la psychanalyse, multipliant les expériences. Il rencontre, entre autres, un charlatan qui traite ses clients en les pendant par les pieds. Puis, comme on n'est jamais mieux servi que par soi-même, il s'improvisera aussi thérapeute !

« La première fois que j'ai entrepris d'"écouter" quelqu'un, c'était pour aider un couple d'amis désespérés par leur fils de 22 ans. Il était agressif, se plaignait de douleurs physiques épouvantables, se comportait de façon terrifiante avec sa femme, et avait tenté plusieurs fois de se suicider. Il considérait son père un peu comme un poisson vivant dans un bocal, nourri par sa mère. Quant à lui, il se sentait complètement écarté. Il m'a raconté tout ça dans un poème. J'ai essayé de lui faire comprendre qu'il était jaloux. Ça a pris de nombreuses séances ! »

Ce premier essai de thérapie sera, à en croire Jacques Martin, suivi de nombreux autres. Par la suite, il mettra au point une méthode bien précise, qu'il qualifiera lui-même de « technique au finish ». La cure ne s'étale pas sur plusieurs mois, voire plusieurs années, mais seulement sur quelques heures, au cours desquelles le patient parle sans discontinuer.

« Mon record est de vingt-neuf heures d'entretien non stop ! dira Jacques Martin. J'explique aux gens qu'ils portent deux valises de quarante kilos chacune et qu'il va falloir les laisser chez moi, s'en débarrasser une bonne fois pour toutes. On s'accorde des petites pauses pour manger un sandwich ou boire un café, mais on va impitoyablement au bout de l'histoire. Parfois, je joue ce que vient de me raconter mon client, pour rendre les choses plus claires à ses yeux, qu'il les découvre de l'extérieur. Mon travail consiste à faire le tri entre l'essentiel et la fuite. »

Un rien iconoclaste comme méthode, mais après tout, avec un homme de la trempe de Jacques Martin, cela ne peut-il pas fonctionner ? Peut-être n'a-t-il

« guéri » personne, mais aucune plainte contre lui n'a, semble-t-il, été déposée. Et si, pour lui, la psychanalyse est une connaissance essentielle de l'âme, il précise tout de même à un journaliste de *France-Soir* : « On sait que ça va mieux quand on se met à penser que l'argent que l'on dépense chez son psy serait mieux utilisé dans l'achat d'une cravate. » Une manière de faire la preuve qu'il ne perd jamais son bon sens.

1972. Jacques Martin a quitté « Midi-Magazine », mais il n'en reste pas moins au faîte de sa popularité. Selon un sondage de l'époque, 88 % des Français le préfèrent en effet aux animateurs-vedettes de cette époque : Guy Lux et Pierre Bellemare. D'autant qu'après le personnage très réussi de Mme Berrichon, il a créé M. Ronchon, à qui le pays tout entier a fait un triomphe. Désormais, loin des caméras, il retrouve la scène et parcourt le pays, de gala en gala. Sans changer une équipe qui gagne, il prépare par ailleurs avec Georges Folgoas une nouvelle émission de variétés, programmée celle-là à 20 h 30 sur la deuxième chaîne, joliment baptisée « Gentil coquelicot ». Georges Folgoas est très heureux de travailler de nouveau avec lui. Mais s'ils sont devenus amis, il ne lui est plus facile de travailler avec lui ! À force de discussions, ils ont fini par convenir que « Gentil coquelicot » ne serait pas tourné en direct, et que de nombreux artistes de variétés y seraient reçus.

« Ah ! Si je pouvais être seul sur scène ! a regretté Jacques Martin. Qu'est-ce que je m'amuserais ! »

Évidemment, pour être seul en scène à la télévision, il faudrait faire un one-man show, son rêve secret. Un rêve qui, pour le moment au moins, n'est pas à l'ordre du jour. Reste que, pour filmer la ribambelle d'artistes de variétés qui vont se succéder à ses côtés, il va falloir de très nombreuses caméras. Un ballet plutôt complexe qui nécessite une salle adéquate. Une salle, oui, mais laquelle ? Martin ne veut pas tourner n'importe où. Il lui faut, il veut, il exige même que « Gentil coquelicot », si elle n'est pas en direct, soit, au moins, enregistrée en public. La Maison de la radio ? Non. Les spectateurs sont bien trop éloignés de la scène au goût de l'animateur. Quant au studio 17, situé aux Buttes-Chaumont, il ne convient pas non plus : un règlement administratif interdit en effet qu'on y fasse asseoir, dans des fauteuils pourtant ultramodernes, plus de cinquante personnes. De plus, il faut que les cinquante personnes en question soient… des figurants, payés au cachet ! Pour Jacques Martin, c'est inacceptable. Lui, ce qu'il veut, ce sont de vrais spectateurs et qui, de préférence, ont payé leur place.

« Le public d'une émission de variétés doit être un public payant, dit-il, comme celui de l'Olympia. Un monsieur ou une dame qui a acheté sa place a des réactions bien plus saines qu'un invité. » Sur ce point, Jacques Martin n'aura pas gain de cause. « Gentil coquelicot » aura en effet un public d'invités. Quant à la salle, ce sera celle du théâtre Marigny. Un édifice tel que les aime l'animateur, avec sa scène et ses fauteuils rouges, très inconfortable pour les techniciens mais parfait pour son ego. Une scène, un public et un grand orchestre ! Voilà qui a tout pour le rendre heureux et lui donner l'énergie nécessaire au cours des répétitions. Effectivement, Martin se surpasse. S'il ne dispose avant chaque enregistrement que de deux jours de répétitions, il sait en profiter au maximum. Il endosse la robe, le tablier, les lunettes et la perruque de Mme Berrichon, s'esquive, se rue jusqu'à sa loge, revient sur scène transformé en M. Ronchon, s'énerve, râle contre sa maquilleuse, ses musiciens, la terre entière, éclate de rire. L'un des accessoiristes présents sur cette émission se souvient même de son incroyable exigence : « Quand Martin demandait pour ses saynètes : “Un smoking, un saint-bernard, un clairon, une robe longue, un étui en tissu noir pour le clairon, un monocle”, je demandais : “Pour quand ?”, et il me répondait illico : “Pour dans deux jours !” C'était sans appel, je n'avais plus qu'à trouver ce qu'il demandait, quoi qu'il arrive. »

Ensuite, sur scène comme devant les caméras de Folgoas, Jacques Martin joue les cabots. Peut-être pour oublier que sa vie sentimentale vire au gris. Après Annie, partie avec ses enfants, c'est Marion Game qui vient de le quitter. Une nouvelle et cuisante rupture, dont il va avoir du mal à se relever.

« Il était très malheureux, explique Robert Quibel. Il faut dire que ce n'était pas un dragueur. Bien sûr, compte tenu de la vie qu'il menait, il aurait pu collectionner les aventures. Mais ce n'était pas son genre. Ce qu'il recherchait, avec une femme, c'était plus la tendresse que la passion. En fait, il voulait un foyer, une famille. Une femme et plein d'enfants, en somme. »

En fait de foyer et de famille, Jacques Martin se retrouve seul dans son hôtel particulier. Un échec qui le mine, au moins jusqu'à ce qu'il croise le regard d'une toute jeune comédienne : Danièle Évenou.

7

« Jacques m'a fait deux beaux enfants, c'est ça qui compte. »

(Danièle Évenou)

On se souvient d'elle comme de notre « Marie Pervenche ». On oublie trop souvent que Danièle Évenou a été l'une de nos jeunes comédiennes les plus prometteuses. Née à Tunis en pleine guerre, elle suit, comme Jacques Martin, mais à quelques années d'écart, les cours de théâtre de Charles Dullin. Alain Cuny, qui la forme, est ébahi par son culot mais aussi par sa fraîcheur et son bagout. Danièle est à la fois intelligente et pétillante, gaie et sérieuse, et jolie comme un cœur, ce qui ne gâche rien. Bref, son avenir semble tout tracé. Metteurs en scène de théâtre et réalisateurs de cinéma ne tarderont pas à se l'arracher. Et c'est bien ce qui se produit. La jeune fille tourne avec Catherine Deneuve, Jean Marais, Michel Galabru... Elle remporte un joli succès sur les planches avec *Anatole,* d'Arthur Schnitzler. Puis elle séduit le grand Jacques Brel, qui lui donne un rôle dans son premier film : *Franz.* Admiration mutuelle et séduction réciproque, une romance d'un an et demi s'ensuit. Brel l'appelle son « soleil ». Malheureusement, peu à peu, Danièle l'effrontée, la joyeuse, l'ironique, tombe malade. Elle est secouée de spasmes, s'évanouit, tremble, ne trouve plus le sommeil, a de violentes nausées… Les médecins, consultés les uns après les autres, y perdent leur latin.

« En fait, nous dit Danièle Évenou, je souffrais tout simplement de spasmophilie. Mais à l'époque, personne n'a su le diagnostiquer. Du coup, on a mis ça sur le compte d'une maladie nerveuse, et j'ai atterri dans un hôpital psychiatrique ! »

Nous sommes, rappelons-le, dans les années 1970. Les hôpitaux psychiatriques, à cette époque, sont peuplés de malades soignés à coups de drogues puissantes. À l'extérieur, on appelle communément ces hôpitaux « asiles de fous ». On y pratique toujours l'électrochoc, thérapie dangereuse s'il en est, mais qui, selon certains, aurait fait preuve de son efficacité. Les médecins décident donc de soumettre Danièle Évenou à ce traitement. À huit reprises et sans anesthésie, elle subit ce qui, pour elle, est une torture. Le résultat ? Pas de mieux apparent pour ce qui concerne les symptômes dont elle souffre, mais des pertes de mémoire qui la handicapent encore aujourd'hui. Pourtant, malgré son mal-être, Danièle tente de reprendre le dessus. Elle passe des auditions, rencontre du monde. On la voit dans tout Paris. Et partout, elle laisse derrière elle une joyeuse réputation de boute-en-train. Une « madame Sans-Gêne », comme elle se surnomme elle-même, qui attire l'attention du producteur Georges Folgoas.

« Je cherchais une comédienne rigolote pour l'émission. Je me suis dit qu'elle serait parfaite dans "Gentil coquelicot" aux côtés de Martin. Je l'ai reçue, et ma première impression s'est confirmée. Du coup, j'ai persuadé Martin de la rencontrer. »

Un déjeuner chez lui. Voilà ce que propose Jacques Martin à la jeune Danièle. À cette époque, il réside seul dans un hôtel particulier situé rue Berlioz, dans le XVIIe arrondissement de Paris. Un bel endroit, haut de plafond, meublé avec goût. Plus tard, Danièle appréciera tout particulièrement le grand lit Napoléon III de la chambre à coucher... Mais, au moment où elle sonne pour la première fois à la porte, la jeune femme n'en mène pas large. En effet, elle souffre de l'une de ses crises de spasmophilie qui lui gâchent toujours la vie et elle n'a qu'une envie : se réfugier dans les toilettes pour vomir tout ce qu'elle a dans le corps !

« À peine m'avait-il ouvert, raconte-t-elle, que je lui demandais où se trouvaient les WC. J'étais jaune, grise, verte. Je n'ai jamais osé lui demander ce qu'il avait pensé de moi, mais je peux l'imaginer. On lui avait annoncé une fille rigolote, et il se retrouve avec une pauvre chose qui lui dit à peine bonjour et qui va vomir ! »

Mais il en faut plus pour rebuter Jacques Martin. Bien au contraire, il fait tout pour mettre Danièle à l'aise au cours de leur déjeuner. Il a appris à écouter ; elle se laisse aller à la confidence. Et si Danièle touche à peine aux plats délicieux qu'il a cuisinés, elle lui parle, comme à un ami très cher, de tout ce qu'elle vient de subir. La maladie. L'hôpital psychiatrique. Les électrochocs. Cette sensation qu'elle a de ne plus être comme les autres. Cette mémoire qui lui fait défaut tout à coup. Jacques Martin en oublie presque ses propres problèmes de cœur. Il vient de rompre avec la comédienne Marion Game et cette rupture, comme la précédente, est douloureuse. Mais qu'est-ce qu'une déception amoureuse à côté du calvaire que vit la ravissante jeune femme qui lui fait face ? Car Danièle a beau être malade, pâle, elle a beau trembler et grelotter, elle n'en reste pas moins très jolie. Et cela n'échappe pas à Martin, qui regarde, en esthète, son visage rond troué d'immenses yeux noisette, ses lèvres pleines, sa taille déliée. Comment ne pas tendre la main à une si jolie fille ? Et surtout, comment ne pas être indigné par le traitement barbare qu'on lui a fait subir ?

« À l'écouter, dit Danièle Évenou, il aurait fallu tuer le médecin qui m'avait fait interner, et aussi celui qui avait ordonné les électrochocs ! Et il aurait fallu, aussi, que j'entame une analyse sur-le-champ. Il était en analyse, tout le monde devait l'être aussi ! »

Si Danièle Évenou sursoit à la psychothérapie, elle accepte volontiers de revoir son interlocuteur. En fait, dès la semaine suivante, ces deux-là ne se quittent plus. Un coup de foudre qui amuse beaucoup Georges Folgoas qui est un peu le Cupidon de cette rencontre, mais aussi tous les techniciens chargés de mettre en boîte « Gentil coquelicot », sans oublier les journalistes, toujours à l'affût d'une nouvelle romance.

« D'une Danièle à l'autre », titre *Télé 7 Jours*. Et de préciser, sous la photo d'un Jacques Martin hilare et d'une Danièle Évenou ravie : « Les yeux et les cheveux noirs, la voix impertinente, Danièle Évenou a succédé à Danièle Gilbert comme partenaire de Jacques Martin [...]. Et Jacques Martin l'a subjuguée : "Sous ses colères et ses caprices, dit-elle, il cache un cœur très tendre. C'est un enfant qui n'a pas fini de grandir." » Pour que cet « enfant » ne se sente jamais perdu, Danièle Évenou ne le quitte plus. Elle le suivra dans sa tournée d'été...

Une tournée mémorable, si l'on en croit l'intéressée. Car, pour être amoureux, Jacques Martin n'en garde pas moins son fichu caractère. Danièle, de son côté, est du genre soupe au lait. À peine sont-ils tombés amoureux l'un de l'autre que ces deux-là se disputent du matin au soir et du soir au matin. D'aucuns ne tardent pas à les comparer au couple formé par Elizabeth Taylor et Richard Burton dans *La Mégère apprivoisée* ! Jacques tempête, crie, exige. Danièle lui répond vertement, manque dix fois claquer la porte. Mais elle reste. Même quand, alors qu'elle souffre d'une nouvelle crise de spasmophilie, il lui crie : « Allons ! Tu n'as rien du tout ! Prends sur toi ! »

« Cette phrase-là, explique-t-elle, je l'ai entendue des centaines de fois tout au long de notre vie commune. Évidemment, je tâchais d'obéir, parce que personne n'aime être malade. Mais quand même. Certaines fois, c'était difficile. Je me souviens d'un soir à La Rochelle, j'étais au fond de mon lit, Jacques préparait son gala, c'était l'époque de Mme Berrichon, de M. Ronchon, tout ce que je détestais ! Bref. J'étais tellement mal qu'il m'a quand même emmenée voir le généraliste du coin. Après m'avoir auscultée, le médecin m'a dit : "Allons ma petite dame, ce qu'il vous faut, c'est un petit coup de rouge, un grand bol d'air et un bon coup de pied au cul !" J'ai suivi son conseil pour le rouge et le bol d'air. Effectivement, ça m'a remise d'aplomb. Jacques triomphait… »

1972, toujours. Jacques Martin a pris une grande décision. Personne n'a voulu lui donner le rôle dont il rêve depuis sa plus tendre enfance ? Eh bien, il sera acteur tout de même ! Et comme on n'est jamais mieux servi que par soi-même, il s'octroiera le premier rôle du film qu'il décide de mettre en chantier et pour lequel il s'improvise, aussi, scénariste et producteur ! Une nouvelle étape dans une carrière à la fois riche et talentueuse, mais une étape qui, pour lui, est peut-être la plus importante de toutes. En effet, pour la première fois, Jacques Martin est entièrement aux commandes. Et il se lance dans l'aventure cinématographique avec délectation.

Le film a pour titre *Na !* L'histoire : un groupe de retraités exaspéré par la grève de la Sécurité sociale rencontre un certain Chapulot, ex-parachutiste et ex-prêtre, qui vient tout juste de sortir de prison. Il les incite à créer le MLV, Mouvement de libération des vieillards, et à organiser des manifestations. Chapulot, arrêté, se retrouve une fois encore sous les verrous. Le groupe de retraités, lui, envisage de réaliser un hold-up à la Sécurité sociale. Tel est, en bref, le résumé du scénario loufoque conçu par Jacques Martin pour son film. Tous ceux qui l'ont connu à cette époque racontent avec quel enthousiasme, quel bonheur il tisse la trame de ce qu'il croit être un futur chef-d'œuvre du cinéma français. Il passe des heures à écrire, peaufine chaque réplique, vérifie dix fois chaque scène. Danièle Évenou est témoin de son acharnement au travail. En amoureuse fervente, elle pourrait en être contrariée car Martin, lancé dans son projet pharaonique, a bien moins de temps à lui consacrer. Mais la bouillante jeune femme ne se formalise pas, bien au contraire. En fait, elle est ravie que Jacques Martin soit le maître d'œuvre d'un projet totalement nouveau pour lui. Secrètement, elle espère que *Na !* sera le premier d'une longue série de films.

De prime abord, c'est bien ce qui se dessine. Le scénario terminé, Jacques Martin embauche « ses » acteurs. Il se réserve le rôle de Chapulot, le personnage principal. Marcelle Arnold se voit confier le rôle de la présidente du groupe de retraités. Danièle Évenou, Popoff et Fernand Sardou, entre autres, complètent la troupe.

Quant à Robert Quibel, il est chargé, en partie du moins, de la musique. Bientôt, tout est prêt pour le premier « clap ». Un bonheur pour Martin, qui est à la fois devant et derrière les caméras. Décidément, cette fois, c'est la bonne. Il va enfin réaliser ses rêves, plus un, d'ordre privé cette fois. Après David et Élise, il va de nouveau être papa. Et, sur ce point comme sur les autres, il ne peut s'en prendre qu'à lui-même !

« Après avoir consulté le fameux généraliste de La Rochelle qui m'avait conseillé du vin et du grand air, se souvient Danièle Évenou, Jacques et moi sommes rentrés chez nous. Pour mieux enfoncer le clou, il a jeté tous mes médicaments. Sauf que dans les médicaments en question, il y avait ma plaquette de pilules ! »

Toutes les femmes le savent. Un retard de règles, même s'il n'est que de quelques jours, signe le plus souvent le début d'une grossesse. Aujourd'hui, pour savoir si oui ou non on porte la vie, il suffit d'aller acheter un test en pharmacie. En trois minutes, le tour est joué. Mais nous sommes en 1972. Et à cette époque, les choses sont bien plus compliquées. Il faut aller dans un laboratoire, faire une prise de sang ou une analyse d'urine, attendre quarante-huit heures... Quarante-huit heures ! Pour Jacques Martin, c'est une éternité.

« Évidemment, poursuit la comédienne, à ce moment-là, nous étions en province, pour un nouveau gala. Jacques devait quitter l'hôtel, alors il m'a laissée aller chercher les résultats toute seule au laboratoire, parce qu'il ne voulait pas être en retard. Quand je l'ai rejoint en coulisse, et que je lui ai dit que le test était positif, il a souri. Ensuite, il a ouvert les bras en grand et il a crié "Champagne !". »

Un film. Un nouvel amour. Un enfant. Décidément, Jacques Martin semble vivre une période formidable.

Depuis peu, Danièle est venue vivre avec lui dans cet hôtel particulier parisien où, les week-ends, ils s'occupent de David et Élise. Il a, enfin, reconstitué une famille. Cette famille qui lui a si cruellement manqué. Il ne se gêne d'ailleurs pas pour jouer les *pater familias,* au sens romain du terme ! Danièle peut bien être une comédienne exceptionnelle, elle n'en est pas moins « sa » femme, la future mère de son fils ou de sa fille. Et, du coup, elle doit mettre sa carrière entre parenthèses ! Plus question de courir les castings ni de monter sur les planches. Encore moins d'accepter la proposition de Jacques Brel de jouer dans son deuxième film : *Le Far West* !

« Il était d'autant moins d'accord, raconte Danièle Évenou, que Jacques Brel avait prévu de me faire tourner le rôle d'une mariée montant sur un terril et dont la robe s'envole, la laissant dans le plus simple appareil. Et ça, pour Martin, ce n'était tout simplement pas possible. Il était même prêt à payer un dédit pour que je ne tourne pas ! Pour finir, c'est lui qui a cédé. Mais à une condition : que je ne me montre pas nue. »

Avril 1973. Jacques Martin a quasiment terminé le montage de *Na !* Mais, pour l'heure, le destin de son film le préoccupe moins que sa vie privée. Il attend en effet avec impatience que Danièle mette au monde l'enfant qu'elle porte. Un garçon ? Une fille ? Blond ou brun ? Il l'imagine déjà, en tout cas, au creux de son bras. Un nouveau, ou une nouvelle, petit(e) Martin, destiné(e), comme ses aînés, à accomplir de grandes choses.

C'est le 15 de ce même mois, à la clinique Sainte-Isabelle de Neuilly, l'une des maternités les plus huppées de la région parisienne, que Frédéric Martin voit le jour. Un beau bébé de six livres qui, à peine son premier cri poussé, fait déjà la une des journaux télé.

« Un véritable enfant d'artiste, commente Jacques Martin dans *Télé 7 Jours*. Il est né un dimanche, jour de relâche ! »

Danièle Évenou est elle aussi aux anges, même si elle sait que, désormais, elle va devoir mettre sa carrière entre de très grosses parenthèses. Certes, Jacques Martin l'a laissée tourner dans *Le Far West*. Mais désormais, elle est maman. Et à ce titre, elle doit rester chez elle. Bien sûr, ils ont embauché une nurse. Mais c'est uniquement pour que Danièle puisse être près de lui en toute occasion. Si sa femme doit travailler, c'est uniquement à ses côtés. Un point, c'est tout… Avec d'autres hommes, la bouillante Danièle aurait sans doute regimbé. Pas avec Jacques Martin. À 30 ans, elle a trouvé son maître, au moins provisoirement. Elle lui appartient et accepte qu'il la mette sous cloche. Elle se souvient avoir été soumise à cet homme parfois tyrannique : « Il était très coléreux. Il me criait dessus dès que je le contrariais, et je le contrariais souvent ! Quand il hurlait trop fort, je me mettais à pleurer comme une Madeleine. Alors il se calmait, il me disait : “Pardon. Je t'aime.” Deux heures plus tard, il recommençait. Et l'échec de *Na !* n'a pas arrangé les choses, bien au contraire ! »

Car au printemps 1973, *Na !* est enfin annoncé dans les salles. Jacques Martin ne se tient plus de fierté. Après un fils, il fait un film ! Tout seul, ou presque, de *A* à *Z*. *Na !*, c'est son œuvre. Cette œuvre qu'il a portée à bout de bras pendant plus d'une année. À présent, il en est certain, il va être récompensé de tous ses efforts. *Na !* sera encensé par la critique et l'affiche restera des mois au fronton des plus grandes salles de cinéma parisiennes. Hélas ! Projeté à la presse, le film ne rencontre qu'un succès pour le moins mitigé. Quant aux spectateurs, ils ne se bousculent pas pour aller le voir, c'est le moins que l'on puisse dire. Un fiasco qui touche Jacques Martin de plein fouet. Il était heureux, puissant, adulé. D'un coup, tout bascule, tout chavire. Les yeux se détournent, les poignées de main se font moins fermes, on chuchote sur son passage, c'est du moins ce qu'il imagine. « Le pauvre », « Il n'aurait pas dû », « Voilà ce que c'est », « Il aurait mieux fait de rester à sa place. » Les journaux, eux aussi, raillent et persiflent. Un concert de critiques, devant lequel n'importe qui serait allé se terrer au fin fond de la campagne en laissant passer l'orage. N'importe qui, mais pas Jacques Martin. Comme lorsqu'il était puni chez les jésuites, il relève la tête. *Na !* est un échec ? Eh bien, il va faire un autre film ! Et celui-là sera une réussite.

« Dans *Na !* confie-t-il, je parlais des vieux, des problèmes du troisième âge, de la mort. En France, malheureusement, ce sont des sujets tabous. J'ai fait en quelque sorte un film sans clients. C'est une erreur. Comme si j'avais monté une agence Rolls-Royce à Villejuif. Mais je ne vais pas en rester là. Je vais réaliser un autre film ! Il s'appellera *Show-Business*. Il sera bien plus acerbe que *Na !* Je veux dire à tous ces jeunes qui rêvent de devenir Michel Sardou ou Joe Dassin ce qu'est vraiment ce métier. » Cette fois, Martin veut faire un film pour les jeunes, l'idée est bonne mais arrive trop tard. Le film ne sera jamais mis sur pied, et pour cause. Avec *Na !*, Jacques Martin s'est ruiné. Il y a mis tout son cœur mais aussi toutes ses économies. Désormais, il faut trouver de l'argent auprès des banques. Mais comment peuvent-elles lui faire confiance après cet échec cuisant ? Une nouvelle déception pour Martin, qui abandonne finalement son projet. L'urgence est de renflouer le porte-monnaie familial. Il est divorcé, père de trois enfants et a pris l'habitude, sinon de mener grand train, du moins de ne rien se refuser. Le voilà donc obligé de « refaire de la télé », comme il dit...

D'autres que lui auraient été ravis. Mais quand on propose à Jacques Martin de présenter sur la deuxième chaîne « Taratata », l'émission de variétés qui doit remplacer le très populaire « Cadet Rousselle » de Guy Lux, il ne se montre pas des plus enthousiastes. En effet, si les dirigeants de la toute nouvelle antenne font appel à lui, c'est une fois de plus pour amuser le téléspectateur. Sa « patte », depuis Télé-Strasbourg, est de présenter les artistes par des sketchs et des mises en scène loufoques. Lui si avide de culture, si féru de musique, si passionné par l'âme l'humaine, doit composer avec cet humour potache et grinçant qui lui colle à la peau. Mais il n'a pas le choix. Ruiné par *Na !*, il doit accepter cette nouvelle émission. « Taratata » est enregistrée au studio 16 des Buttes-Chaumont. Un « plateau » qui ne peut accueillir que quatre-vingt-seize personnes, techniciens compris. « Je ne pourrai donc avoir que seize spectateurs ! peste Martin. Et encore, des figurants ! Nous les comiques, nous avons besoin des rires d'une salle... » De mauvaise grâce, Jacques Martin accepte la gageure. Amoureux de la perfection, il se donne même à fond dans la mise sur pied de sa nouvelle émission. Mais décidément, les astres ne sont pas avec lui en cette année 1973. À peine née, « Taratata » est vertement critiquée. A-t-il perdu la main ? L'échec de *Na !* l'a-t-il blessé si profondément qu'il est désormais incapable de faire rire ? Quoi qu'il en soit, les huit « premières » n'amusent personne. D'abord parce que l'on n'y retrouve pas le grand défilé de vedettes qui faisait le succès de « Cadet Rousselle ». Ensuite, et surtout peut-être, parce que Jacques Martin n'est pas en très grande forme, et que ses idées s'en ressentent. Ses sketchs ont des airs de déjà-vu. Ses parodies de cantiques choquent. Même s'il accueille dix chanteurs par émission, soit trois seulement de moins que Guy Lux, on qualifie ses plateaux d'« indigents ». Un téléspectateur lui écrit même, parodiant le titre de cette nouvelle émission : « T'as raté tout. » Lassé, Martin tempête : « De grâce, lance-t-il, qu'on me laisse le temps de me roder ! » Pour se « roder » il se retire dans son hôtel particulier, près de Danièle et du petit Frédéric, qui va bientôt fêter ses 6 mois. Là, dans son havre de paix, il se remet au travail. Page après page, il rédige de nouveaux sketchs, fumant cigarette sur cigarette en buvant des litres de thé vert. Sent-il qu'avec « Taratata » il n'est pas au bout de son calvaire ? Au fil des semaines, l'émission reste critiquée, pour ne pas dire vilipendée. Une grève des techniciens l'oblige à annuler à plusieurs reprises ses plateaux. Chaque fois il se voit dans l'obligation de décommander toutes les vedettes qui y étaient attendues avant de faire amende honorable en les rappelant à la dernière minute, parce que les choses se sont finalement arrangées. Des hauts et des bas dont il s'arrange par dépit jusqu'à ce que le tonnerre gronde à nouveau. L'un de ses sketchs, qui raille les Corses, provoque un raz de marée dans l'île de Beauté. Il est interpellé à l'Assemblée nationale parce qu'il a affirmé qu'il pourrait chanter la vie de Guynemer façon opérette, et que cela a déplu aux militaires. Le général Stehlin, ancien aviateur, invite même les députés à un raid contre celui qu'il qualifie d'« humoriste rampant ». Jacques Martin, lui, encaisse. Il continue. Il ne plaît pas mais il dérange, ce n'est déjà pas si mal. Même si, parfois, il aimerait proposer à son public des poèmes ou de la musique classique au lieu de jouer les idiots en se cassant des œufs sur la tête, ou en se déguisant en vieille dame, il sait qu'il doit continuer. On le remarque à nouveau, c'est le principal. Le bout du tunnel est proche. Il le sent. Faire parler de lui et ne pas tomber dans l'oubli, c'est au fond ce qui l'animera toute sa vie.

Mais décidément, il n'est pas en période de chance. Malgré tous ses efforts, « Taratata » ne plaît pas…

8

« "Le Petit Rapporteur" [...], c'était un mélange de reportages insolents et très fins avec des chansons vaseuses, des plaisanteries de garçons de bain, des choses débiles mais à mourir de rire. Jacques était un improvisateur brillantissime en direct. »

(Stéphane Collaro)

1974. Jacques Martin a quitté, une fois encore, la télévision. Un départ qui suit le semi-échec de « Taratata » et qui lui met les nerfs en pelote. Lui qui avait toujours mille choses à faire vit désormais quasi reclus dans son hôtel particulier de la rue Berlioz. Il se lève tard, enfile un peignoir blanc en éponge et des chaussons, avant de descendre dans son salon. À sa droite, une bibliothèque supportant sa collection de Jules Verne. Face à lui, un tableau noir et or représentant des chevaux. À gauche, une baie vitrée donnant sur un petit jardin. Un soir de Noël, sous l'œil de son ami Lino Ventura, Jacques Martin y enterrera une dinde dûment farcie au foie gras et aux truffes, enveloppée dans du papier sulfurisé et de la toile de jute, dans l'espoir de lui faire « prendre meilleur goût ». Pour l'heure, il se contente de prendre un petit déjeuner pantagruélique en tentant de trouver une idée d'émission. À la maison, depuis quelques semaines, l'atmosphère est morose : « Je me souviens qu'il maintenait son peignoir fermé avec une épingle à linge, dit Danièle Évenou. Il fumait, aussi, et comme il n'avait jamais de cendrier, il mettait la cendre dans la poche du haut. Ça me mettait hors de moi. » Un spectacle plutôt triste ? Oui. Mais avec Jacques Martin, le spleen ne dure jamais bien longtemps. La télévision ne veut plus de lui, au moins provisoirement ? Eh bien, il ira de nouveau à la radio ! Pas à Europe 1, mais à RTL, pour y animer en compagnie de son vieux complice Jean Yanne une émission finement baptisée « Samedi aujourd'hui, hier on a mangé du poisson ». Tout un programme. Mais Jacques Martin n'a bien sûr pas l'intention d'en rester là. Un jour, il reviendra au petit écran – ce petit écran qu'il n'appréciait pas, mais dont il déteste être évincé, même temporairement. À 41 ans, il a mûri, appris. Il a désormais pleinement conscience qu'une pincée d'ironie et un soupçon d'insolence ajoutés à une actualité brûlante donnent un humour grinçant qui régale les foules. Cette recette de chansonnier, qu'il maîtrise bien, il a l'intention de l'exploiter encore. Gérard Pabiot, alors journaliste à RTL, se souvient très bien comment elle a donné naissance au « Petit Rapporteur » : « J'ai toujours été un électron libre dans le journalisme parce que j'aimais donner une pointe d'humour à l'information. Voilà pourquoi, sans doute, Yanne, Martin et moi avons sympathisé. Du coup, comme Martin voulait refaire de la télé, on s'est mis à trois pour chercher un concept. C'est comme ça qu'est née l'idée d'un vrai faux journal. On avait décidé de s'appuyer sur l'actualité pour la tourner en dérision. »

Une idée géniale qui ne pouvait pas mieux tomber ! En 1974, en effet, la télévision subit des bouleversements. Jusqu'alors sous l'égide de l'ORTF, la première et la deuxième chaîne n'étaient pas vraiment différenciées, si bien que les journalistes pouvaient travailler à la fois sur l'une et sur l'autre. Mais, quand une troisième chaîne voit le jour, chaque entité prend enfin son indépendance. L'idée d'une émission insolente présentée par le toujours très charismatique Jacques Martin séduit les responsables de la première chaîne. Ils décident de prendre le risque de choquer, et de donner carte blanche à l'humoriste.

Carte blanche ! Lorsqu'il apprend la nouvelle, Martin ne se tient plus de joie. D'abord parce qu'il sort de son semi-purgatoire. Ensuite et surtout parce qu'il imagine, déjà, tout ce qu'il va pouvoir faire pour permettre à « ses » téléspectateurs de passer des moments inoubliables devant leur petit écran. En regardant « son » émission, ils vont rire bien sûr de la bêtise humaine, des absurdités de la vie, et surtout du pouvoir en place, mais aussi, au fil des reportages, se cultiver, s'émouvoir, s'enthousiasmer. Bref, passer un moment délicieux, le dimanche en fin de matinée. Car c'est l'horaire qui lui est attribué – celui de la messe –, ce qui n'est pas pour déplaire à « maître Jacques », comme on le surnomme parfois, même si, de l'avis de tous ceux qui l'entourent, personne n'ouvre jamais son poste de télévision entre l'*Ite missa est* et le début du déjeuner.

Mettre l'émission sur pied. Voilà la tâche à laquelle Jacques Martin s'attelle dès son contrat signé. Il a déjà une bonne idée des différentes rubriques qu'il veut mettre en place. Reste à trouver les journalistes qui seront à ses côtés, et ce n'est pas une mince affaire. Ils devront tout à la fois être aguerris, manier l'humour avec brio et, surtout, s'entendre avec lui sans jamais lui faire de l'ombre. Jean Yanne ne souhaitant pas faire partie de l'aventure, Jacques Martin propose tout naturellement à Gérard Pabiot de le rejoindre. « Hélas, se souvient celui-ci, je venais de signer un contrat avec la toute nouvelle Antenne 2, ce qui m'interdisait désormais d'apparaître sur la première chaîne. J'étais un peu amer car j'avais participé à la préparation du “Petit Rapporteur” et j'aurais bien aimé être sur la ligne de départ. »

Exit Gérard Pabiot, que l'on retrouvera plus tard dans « La Lorgnette ». Face à cette fâcheuse indisponibilité, Jacques Martin est inquiet. Il lui faut continuer son « casting ». Alors il appelle Pierre Bonte, célèbre pour avoir présenté l'émission de radio « Bonjour monsieur le maire », et qu'il a rencontré dix ans auparavant, en 1963, sur la route du Tour de France. Cette année-là, Martin faisait partie des artistes composant la première partie du spectacle offert par Europe 1, tous les soirs dans la ville-étape. Les deux hommes s'étaient liés d'amitié dès le début du Tour et ne se quittaient plus. « [...] Il avait à sa disposition une voiture avec chauffeur pour rallier la ville étape suivante, raconte Pierre Bonte dans son livre de souvenirs *Le bonheur était dans le pré*[1], mais il préférait monter dans la mienne et s'arrêter avec moi dans les villages où j'enregistrais mon émission. » Une époque bénie où Jacques Martin, en gourmand invétéré, se régalait des produits locaux et, en grand curieux, écoutait attentivement les villageois interwievés par Bonte avec brio. Des moments heureux dont l'animateur se souvient sans doute au moment où il rappelle Pierre Bonte pour lui proposer de travailler à ses côtés. Avec celui-ci, il en est certain, il aura son compte de reportages goûteux en province. L'homme est passé spécialiste en la matière et, même s'il n'a encore jamais

1. Albin Michel, 2004.

fait de télé, il s'en tirera, c'est évident, avec sa maestria habituelle… Convaincu, « l'apôtre des vicinales », comme le surnommera l'équipe, accepte de devenir le petit rapporteur de la France profonde. « Ça m'en faisait un, dira plus tard Jacques Martin. Il m'en fallait au moins trois autres ! »

Alors, un à un, il débauche les journalistes les plus décalés de l'époque. Le premier d'entre eux est Pierre de Barrigue de Montvallon, plus connu sous le nom de Piem. Dessinateur au *Figaro,* il est doté d'un merveilleux coup de crayon, d'une bonne plume, d'un esprit caustique et d'un sens absolu de la repartie. De taille moyenne, la silhouette sèche, l'œil pétillant derrière des lunettes de vue, il n'est pas du genre à s'en laisser conter. Il sera, Martin en est sûr, l'intellectuel de la bande. Vient ensuite Stéphane Collaro, rencontré à ses débuts, dans des conditions épiques que Jacques Martin rappelle chaque fois qu'il le peut : « Quand il a débuté, Collaro est venu me voir et m'a dit : “Monsieur, regardez ce que je fais…” Il mettait du papier à cigarette sur une carafe et dessus, un œuf dur épluché. Il allumait le papier à cigarette et l'œuf faisait “pop” et tombait dans la carafe. Je l'ai regardé et j'ai pensé qu'un mec qui avait trouvé ça ne pouvait pas être un mauvais homme. »

Pourtant, lorsque Jacques Martin le contacte et lui propose de travailler avec lui sur l'aventure du « Petit Rapporteur », Collaro hésite. Il est en effet encore journaliste sportif sur TF1, où il est chargé de la rubrique automobile, et il ne veut pas lâcher la proie pour l'ombre. Finalement, ce sont les circonstances qui décident pour lui : « C'était une aventure totalement différente, dira-t-il à un reporter du journal *France-Soir* bien plus tard. J'ai tergiversé longtemps. Mais finalement, les circonstances ont décidé pour moi :

Zitrone avait été nommé chef du service des sports et nous avait pris, Drucker et moi, comme adjoints. On arrose ça et... le lendemain, la direction remplace Zitrone par Georges de Caunes, qui me vire ! [...] J'ai donc rejoint Martin. »

Deux autres journalistes complètent cette première équipe : Robert Lassus, chef des infos à RTL, mais surtout spécialiste des jeux de mots, et Philippe Couderc, chroniqueur gastronomique à qui Jacques Martin demande de dénoncer les arnaques en tout genre des « prétendus maîtres du goût ou du bon goût ». L'équipe – qui sera remaniée par la suite pour accueillir Pierre Desproges, débauché du quotidien *L'Aurore,* où ses papiers mordants sont très lus, et Daniel Prévost – est désormais au complet. Jacques Martin peut la réunir, pour la première fois, dans son hôtel particulier de la rue Berlioz.

Pour l'occasion, le maître des lieux fait bien les choses. En toute fin de matinée, ses troupes se voient servir un copieux « mâchon » lyonnais. Au menu : saucisson, pâté, rillettes, pain tout frais et vin rouge, le tout préparé avec charme par une Danièle Évenou radieuse. Tout en mangeant, Jacques Martin détaille chacune des rubriques qu'il a imaginées. Et surtout, il expose le concept de « sa » future émission : « Fusiller l'actualité sous un angle comique. » Sa devise : « Sans la liberté de flatter, il n'y a pas d'éloge blâmeur ! » L'objectif : confronter le loufoque et le sérieux en permanence. Facile à dire, mais pas facile à faire...

Jacques Martin le dira plus tard : il a failli renoncer plusieurs fois devant l'ampleur de la tâche qui l'attend. Bien sûr, il est heureux d'être aux commandes, et il fourmille d'idées. Mais il n'a pas le droit à l'erreur. Car il a bien conscience qu'avec « Le Petit Rapporteur » il joue sa réputation. Et parfois, malgré sa force de conviction et son enthousiasme, le doute l'assaille. Après l'échec de *Na !* et de « Taratata », a-t-il vraiment raison de se lancer dans cette aventure ? A-t-il choisi les bons coéquipiers ? Et, si tel est le cas, sa petite troupe va-t-elle accepter son autorité ? Piem a déjà tendance à ruer dans les brancards. Bonte s'angoisse. Collaro joue les tout-fous. Quant à Lassus et Couderc, vont-ils vraiment s'intégrer à l'équipe ? Autant de questions qui le tourmentent jour et nuit, mais dont il ne fait part à personne. Apparemment, Jacques Martin est sûr de lui et de son projet. Il va de l'avant, s'enthousiasme, conseille, innove, dirige sa petite équipe sans faiblir. Levé tôt, couché tard, il ne trouve plus assez de temps pour s'occuper comme il le voudrait de David, Élise et Frédéric. Qu'importe ! Danièle Évenou est là pour eux. Elle est si heureuse de le voir à nouveau déterminé à se battre pour réussir. Lui, il se rattrapera plus tard. Même si, actualité oblige, la première n'est finalement mise en boîte qu'une semaine à peine avant sa diffusion !

13 janvier 1975 à 13 h 15. Dehors, il fait gris. Les couloirs de la Maison de la radio, véritables labyrinthes, sont tristes, voire lugubres. Un temps et une atmosphère de circonstance. Car, dans le studio 101, la fine équipe de Jacques Martin n'en mène pas large. Dans quelques minutes maintenant, l'antenne va être à eux pour la première du « Petit Rapporteur ». Et ils sont tous paralysés par le trac ! Piem fume la pipe en silence. Collaro allume cigarette sur cigarette. Lassus se liquéfie. Couderc joue les blasés mais, au fond de lui, il sent l'angoisse le tarauder. Quant à Jacques Martin, il tourne en rond comme un enragé. À cet instant, il en est certain, les reportages si soigneusement choisis, si méticuleusement montés sont tous nuls. Pire : ils sont archinuls ! Il faudrait tout refaire, et dans le détail,

encore. C'est impossible, bien sûr. Et il est impossible, aussi, de tout arrêter. Les aiguilles de la pendule murale tournent, minute après minute. Faute de pouvoir les arrêter, Jacques Martin, nerveux à l'extrême, lance à ses troupes : « Vous avez tout raté ! » Ambiance.

« On se préparait à voir démarrer un enterrement », conclut Collaro.

Un enterrement ? À visionner le tout début de ce premier « Petit Rapporteur », on se dit qu'on n'en est pas loin. Jacques Martin, particulièrement tendu, apparaît à l'écran au milieu d'un décor tapissé de journaux satiriques. « Nous avons décidé de traiter l'actualité en la regardant par le petit bout de la lorgnette, dit-il, un rien coincé. Notre but est de montrer que, vu sous un certain angle, on peut sourire de tout, même des informations les plus sérieuses… »

Ce qui va devenir le rendez-vous dominical préféré des Français vient de commencer. Et l'angoisse, le trac, la panique du début laissent vite place à une atmosphère mi-joyeuse, mi-caustique. Passé les premières secondes d'antenne, Piem, Collaro, Bonte et tous les autres reprennent, en effet, tous leurs esprits. Ils se livrent à un véritable festival de gags, dans un concert soigneusement orchestré par Martin, qui exulte et lance, l'un après l'autre, des reportages d'une drôlerie irrésistible. Tournés dans toute la France, chacun d'eux a été mille fois pensé et repensé, monté et remonté avant qu'il corresponde parfaitement à ce que souhaite maître Jacques. Un calvaire parfaitement résumé par Laurent Cabrol, alors jeune journaliste, qui fait partie, en coulisse, de « la bande à Martin » : « Quand il choisissait un sujet, il le mettait immédiatement en scène. Il en imaginait la moindre réplique. Il ne nous restait plus qu'à aller chercher ce qu'il venait de nous montrer. »

Malheureusement, personne dans l'équipe n'est dans la tête du concepteur, et il arrive que les images rapportées ne soient pas à la hauteur de ses espérances ! Comme l'explique Stéphane Collaro, « s'il ne riait pas durant les vingt premières secondes, c'était mauvais signe ». Gageons que, pour la « première » du « Petit Rapporteur », Jacques Martin a dû s'esclaffer. Car les reportages diffusés ce dimanche-là sont restés des morceaux d'anthologie, notamment celui de Piem, parti rencontrer à Verdun un confiseur qui fabrique… des obus en chocolat explosifs ! « Ils étaient munis d'une charge de poudre reliée à une mèche que l'on pouvait allumer, nous raconte-t-il. Il paraît que ça faisait un tabac à la fin des repas de baptême ou de communion. Moi je lui ai demandé si c'était apprécié, aussi, à la fin des réunions d'anciens combattants… » Le reste de l'émission est à l'unisson, et correspond bien peu, il faut le souligner, aux usages de la télévision de cette époque. Un détail qui n'échappe pas à Jacques Martin, bien conscient que « Le Petit Rapporteur » peut s'arrêter net pour délit d'insolence. Une sanction qu'il connaît bien pour en avoir tâté à plusieurs reprises ! Alors, juste avant le générique de fin, il enfonce le clou et lance un joyeux : « À dimanche prochain… peut-être ! » Sent-il au fond de lui qu'il n'a pas – cette fois-là au moins – de souci à se faire ?

« Une première étincelante sur la Une, peut-on notamment lire dans le très sélect hebdomadaire *Télérama*. Celle de Jacques Martin dans "Le Petit Rapporteur". Il retrouve et rajeunit la tradition des grandes revues de cabaret, en se montrant à la fois impitoyable et complice, pour telle ou telle incarnation de la comédie humaine, épinglée çà et là au coin de l'actualité et frappée sous nos yeux dans une séquence toute chaude. Il a su s'entourer d'une équipe à son diapason : à cheval entre l'humour et la cruauté. Piem, Stéphane Collaro, Pierre Bonte, Robert Lassus nous aident à nous venger de toute tristesse par le sel et le feu. Émission à ne pas manquer si l'on veut être de bonne humeur le dimanche après-midi ! »

Cette première émission est unanimement saluée par la critique.

9

« C'était un grand animateur et en même temps quelqu'un d'extrêmement cultivé. [...] *il avait beaucoup d'imagination, d'idées et un sens de l'improvisation ; c'était un vrai artiste. »*

(Daniel Prévost)

Septembre 1975. « Le Petit Rapporteur », le journal « le plus insolite, le plus drôle, et le plus insolent de la télévision française », comme l'écrit *Télé 7 Jours,* fait sa rentrée. Pour l'occasion, l'équipe a été modifiée. Piem, l'intellectuel de la bande, est toujours là. Stéphane Collaro, la tête de Turc, et Pierre Bonte, « le spécialiste des cas humains », sont eux aussi fidèles au poste. Mais Robert Lassus et Philippe Couderc se sont lassés de l'aventure. Ils sont respectivement remplacés par Pierre Desproges et Daniel Prévost. Et désormais, qu'il pleuve, qu'il neige ou qu'il vente, chaque semaine, les choses se déroulent de manière immuable. « Tous les lundis, explique Danièle Évenou, je voyais débarquer la bande chez nous. Ils s'installaient dans le salon et je leur servais de la charcuterie, du pâté, des rillettes, arrosés d'un bon cru. Tout en mangeant, ils discutaient des sujets. Le lendemain, ils partaient tourner. Ils revenaient le jeudi ou le vendredi pour le montage. Le vendredi soir, Jacques et moi on allait visionner à la SFP [Société française de production]. Il tenait beaucoup à ce que je l'accompagne pour donner mon avis. Quand je disais blanc, il disait noir ! Mais pour finir, il se ralliait toujours à mon opinion. Le dimanche, ils allaient répéter au studio 101. Après, c'était le direct. »

Un direct de quarante-cinq minutes que Jacques Martin assure sans fiches, en ayant simplement devant lui un « conducteur » où sont inscrits dans l'ordre de diffusion les différents reportages et leurs auteurs. Malgré la difficulté de l'exercice, il garde son calme, retombe sur ses pieds, conserve sa maîtrise et sa décontraction apparente. Bref, il se comporte en pro de la télévision, avec en tête une seule idée : être de plus en plus drôle, sans jamais être méchant. « Certains, même à la télévision, se taillent de petits succès de rire en se montrant cruels envers des gens sans défense, dit-il. Notre équipe ignorera toujours ces procédés. »

Effectivement, les journalistes du « Petit Rapporteur » sont tout sauf cruels. Et aujourd'hui encore, certains de leurs reportages sont des morceaux d'anthologie télévisuelle. Ainsi Daniel Prévost est-il entré dans l'histoire du petit écran avec le village de Montcuq. Souvenez-vous des premières images. Il est là, en gros plan, face à la caméra. Il déclare « Pour la première fois à la télévision, je vais vous montrer Montcuq. » Il se retourne. La caméra, elle, descend sur son fessier et se pose finalement sur le panneau… et le village de Montcuq en contrebas. Daniel Prévost entame alors une promenade dans ses rues en compagnie du maire, où s'ensuit une multitude de phrases ambiguës.

« Quelle est la tendance politique de Montcuq ? » lui demande-t-il. Puis il enchaîne : « J'ai l'impression que

Montcuq est très étroit. Vous n'avez pas de problèmes de circulation dans Montcuq ? »

Ou encore : « Est-ce qu'il y a des spécialités de Montcuq ? Montélimar, par exemple, c'est du nougat. Et Montcuq, c'est du poulet ? »

Le reste est à l'avenant ! Vulgaire, vous avez dit vulgaire ? Il faut croire, alors, que le vulgaire plaît. Car l'audience s'envole. « Le Petit Rapporteur » fait l'objet d'un sondage réalisé par la Sofres. Il révèle qu'un Français sur deux regarde régulièrement l'émission. 92 % d'entre eux se déclarent satisfaits. 86 % trouvent l'émission drôle. Et 72 % aiment l'image que « Le Petit Rapporteur » donne des Français.

On ne change pas une équipe qui gagne. Ce proverbe, Jacques Martin l'applique à la lettre, dans les mois qui suivent. « Le Petit Rapporteur » reste fidèle à lui-même. Ses journalistes, qui s'amusent comme des petits fous, continuent de jouer les « déjantés ». Pierre Desproges palpe le tissu de la jupe de Françoise Sagan tout en lui parlant chiffons. Il demande avec le plus grand sérieux à Alice Sapritch si elle dort nue ou habillée. À la veille de la Noël, il entre dans une charcuterie en compagnie de Daniel Prévost et il se bat avec lui à coups de boudin blanc, sous les yeux effarés de la propriétaire. Jacques Martin et Pierre Bonte, eux, déguisés en flics, font la tournée des grands ducs à la veille du nouvel an ! Portant le képi et l'uniforme, ils vont de boîte de nuit en bar, présentant leurs vœux avant d'accepter, bien sûr, le verre que leur offre généreusement le patron. « Si vous voulez réveillonner à l'œil, lance Martin, faites comme nous ! »

Pour mémoire, rappelons encore que Stéphane Collaro propose au maire d'une ville de Seine-et-Marne où l'on vient de trouver du pétrole de s'habiller en émir et de parler arabe… et que Jacques Martin décore des policiers avec des guirlandes de Noël en leur demandant de chanter *Petit Papa Noël* ! La France entière s'esclaffe. Valéry Giscard d'Estaing, devenu alors chef de l'État, reconnaît que « "Le Petit Rapporteur" est le journal le plus amusant de France ». Il demande néanmoins à ses ministres de « ne pas se faire piéger dans cette émission qui manque de dignité ». N'empêche. Grâce au talent de Martin, tout peut arriver, même en direct...

Souvenez-vous. C'était en novembre. Un mois gris et froid par excellence. Comme d'habitude, des millions de Français sont assis devant leur petit écran et attendent le début de ce qui est devenu leur émission favorite. Pour l'heure, on en est à la publicité. Un gamin mange un yaourt, l'air ravi, tout en chantant *À la pêche aux moules*. Un détail qui n'échappe pas à Jacques Martin, prêt à prendre l'antenne. « Allez, on la chante ! » ordonne-t-il à ses troupes.

C'est ainsi que l'équipe au complet, hilare, se met à fredonner *« à la pêche aux moules-moules-moules, je n'veux plus y aller maman, les gens de la ville-ville-ville, sont bien trop méchants-méchants, les gens de la ville-ville-ville sont bien trop méchants, méchants ! »*. « C'est un triomphe ! La France entière plonge dans la « moulite » ! L'épidémie touche toutes les tranches d'âge, gagne les cours d'école, mais aussi les rues, les bureaux, et bien sûr les appartements. On s'interroge gravement sur l'origine exacte de la chanson, on fait remarquer que l'équipe du « Petit Rapporteur » en a changé quelques paroles. On se penche aussi sur les moules, on découvre que les hommes les mangent depuis la préhistoire, même si, comme l'affirme le *Guide de la bonne maîtresse de maison* édité en 1886, « elles forment un mets assez lourd, dont on ne doit faire usage qu'avec réserve ». Pour rassurer les cuisinières, on va chercher le Larousse ménager, datant il est vrai de 1927, et l'on en tire des recettes destinées à s'assurer de l'innocuité des moules. Pour mémoire, il s'agit de mettre une pièce ou une cuiller d'argent dans leur eau de cuisson. Si elles s'oxydent, alors gare ! Les moules sont impropres à la consommation. Bref. La moule est à la mode, et si d'aventure l'un ou l'autre des membres de l'équipe du « Petit Rapporteur » croise un passant, celui-ci entonne immanquablement ce qui est devenu une ritournelle, en lui lançant un clin d'œil complice. Le triomphe est total quand Daniel Prévost se rend à l'Assemblée nationale pour faire chanter *La Pêche aux moules* aux députés et que l'un d'eux, Marc Bécam, se prête de bonne grâce à l'exercice ! Toujours pratique, Stéphane Collaro suggère alors à Jacques Martin d'enregistrer un 45 tours. « Tu es fou ! » rétorque celui-ci.

Martin a eu tort. « Quinze jours plus tard, écrit Pierre Bonte dans *Le bonheur était dans le pré,* Nestor le Pingouin sortait sa version de la chanson, et en vendait 700 000 exemplaires… »

Que celui qui n'a jamais fait d'erreur d'appréciation lui jette la première pierre ! Reste tout de même que, passé quelques semaines, *La Pêche aux moules* ressort des yeux de toute l'équipe. Pierre Desproges, toujours lui, propose alors de l'abandonner pour une autre comptine : *Mam'zelle Angèle.* Celle-ci connaîtra quasiment le même succès…

Pour être à la pointe d'un certain humour, « Le Petit Rapporteur » sait aussi, parfois, lancer quelque pavé dans la mare. Aussi, au moment où le général Franco fait garrotter l'anarchiste Puig Antig, Piem fait-il à l'antenne un dessin vilipendant l'exécution. Et Jacques Martin le fait applaudir à tout rompre, pour enfoncer le clou.

Mars 1976. « Le Petit Rapporteur » est toujours encensé par la critique. Mais Jacques Martin a une autre raison d'être fier. Danièle Évenou vient en effet de lui annoncer qu'elle attend leur deuxième enfant. La « tribu » va donc s'agrandir encore. Tout ce qu'il espérait, tout ce dont il rêvait. À un détail près. Bien sûr, Danièle est toujours aussi jolie, aussi pétillante, aussi amoureuse. Il mène près d'elle une vie de bon père de famille. Ainsi, tous les dimanches matin, ils vont au marché ensemble, puis elle l'aide à faire la cuisine. Il ronchonne quand elle épluche mal les pommes de terre –, « Un gratin dauphinois, ça se mérite ! », lance-t-il chaque fois. Seulement voilà. Le gratin dauphinois, Danièle aime bien le manger, mais se dispenserait bien de le confectionner, même au stade de la pluche. En fait, vie conjugale ou pas, elle ne rêve que d'une chose : remonter sur scène ! Et justement, on lui propose de jouer le rôle de Jeanne d'Arc dans *Jeanne au bûcher.* Mais comment l'annoncer à son compagnon ? Non seulement Jacques Martin est colérique, mais il est également jaloux de tout, même de son petit Frédéric. Comment va-t-il accepter qu'elle file aux répétitions, jour après jour ? Comment va-t-il prendre le fait qu'ensuite elle sera six soirs sur sept en scène, alors qu'il lui interdit même d'écouter Brel, à la maison ! « J'ai quand même fini par le lui dire, explique-t-elle. Et, à ma grande surprise, il m'a encouragée à accepter. *Jeanne au bûcher,* c'était du classique. Qu'on ait pensé à moi pour incarner ce rôle, ça le rendait fier. »

Tandis que Danièle, enceinte, joue le rôle de la Pucelle d'Orléans, toute la France continue de regarder « Le Petit Rapporteur ». Pas question de rater un seul de ses numéros ! Les évêchés ont même demandé aux paroisses d'avancer l'horaire de la grand-messe pour éviter la désertification des églises ! Pour le très sérieux quotidien *Le Monde,* l'émission est un « véritable phénomène de société ». En Angleterre, le *Herald Tribune* lui consacre une pleine page. Jacques Martin, lui, ne se tient plus de joie. Il parcourt même les couloirs de la Maison de la radio en chantant ! Un jour, il entonne le *Tantum ergo,* souvenir de son enfance chez les bons pères. Une autre fois, il aborde l'un ou l'autre de ses interlocuteurs en hurlant un couplet de *La Belle Hélène.* D'autres fois encore, il chante tout simplement leur prénom, avant de leur donner une grande accolade. Tout cela, bien sûr, s'il est de bonne humeur, ce qui n'est pas toujours le cas. Car même porté par le vent de la gloire télévisuelle, l'homme est toujours aussi soupe au lait. Un jour charmant, l'autre cassant, le troisième féroce, il se fait quelques ennemis qui, pourtant, n'osent pas trop donner de la voix. Mais, au sein de son équipe, certains supportent assez mal son côté lunatique et directif. Le premier est Piem, dont le caractère n'est pas non plus des plus faciles – qu'il nous pardonne de l'écrire, mais c'est lui-même qui nous l'a laissé entendre ! –, qui se souvient de quelques frictions avec lui !

« On lui avait rapporté que je débinais “Le Petit Rapporteur” hors de l'émission. Je m'étais une fois de plus engueulé avec lui. Quelque temps après, réconcilié, je suis invité chez lui. Pour éviter tout problème… épineux entre nous, sait-on jamais, je suis venu avec un énorme bouquet de roses dont j'avais ôté une à une les épines. C'est comme ça que l'on fonctionnait avec Jacques. »

Dans une interview qu'il donnera plus tard à *Paris Match,* Jacques Martin reconnaîtra lui-même être colérique et le justifie : « Quand on fait de la compétition, de la voile, on ne dit pas : “Veux-tu avoir la gentillesse, si ça ne te dérange pas, d’aller border le foc, s’il te plaît ?” Non, on fait : “Putain de Dieu de merde ! Borde le foc ! »… Le théâtre, c’est ça : “Putain, si je tenais le type qui…”, “Et le rideau, con ?” C’est ça la colère. […] Mais dans la cuisine, dans la compétition à voile et dans mon métier, le chef gueule et ça n’effraie personne. Après on demande pardon et tout le monde comprend. »

Tout le monde ? Oui. Au moins en apparence, même si, parfois, certains grincent sourdement des dents. Mais après tout, comment tenir rigueur à Martin de ses coups de gueule désormais légendaires ? C’est lui, tous ses collaborateurs le savent, qui tient l’équipe de l’émission soudée. Lui encore qui insuffle sa dynamique, trouve les idées, construit, jour après jour, sujet après sujet, un magazine décidément pas comme les autres. « Le Petit Rapporteur » aurait peut-être tenu l’antenne encore bien longtemps si une interview n’avait pas précipité sa fin.

Cette interview, c’est celle d’un inspecteur des impôts, Jacques Blache. L’homme critique abondamment les méthodes administratives, qu’il juge « inadaptées ». La preuve ? Selon lui, les « ordinateurs de ses services écrivent parfois aux morts ! ». Et d’ajouter : « L’administration d’aujourd’hui n’est plus celle de Courteline, mais bien celle de Kafka. » Ces déclarations déclenchent un tollé. Blache est immédiatement sanctionné par son ministre de tutelle. Déprimé, l’homme tente de se justifier : « Tout le pays a trouvé l’émission très drôle, dit-il. J’ai simplement voulu montrer un visage sympathique et souriant des fonctionnaires des impôts. Un inspecteur des finances n’est pas un ogre. Cela étant, dans mon métier, je ne fais pas de cadeau ! »

De son côté, Jacques Martin prend fait et cause pour « son » témoin. Il écrit au ministre, plaide la cause du « brave homme », comme l'appelle toute l'équipe du « Petit Rapporteur ». La première chaîne, elle, jette l'éponge et demande à Jacques Martin d'arrêter « Le Petit Rapporteur ». Après cinquante-huit numéros et dix-huit mois de franche rigolade, Martin doit rendre l'antenne. Encore une fois.

10

« Il a eu l'art de composer une recette extraordinaire
en utilisant des ingrédients très différents,
c'est-à-dire une équipe très disparate.
Il a réussi à en faire une bande homogène.
Depuis, personne à la télévision n'a réussi ce tour de force.
Comme on dit, il a été beaucoup copié, jamais égalé. »

(Pierre Bonte)

Arrêter une émission, c'est toujours triste. Mais pour finir, les grands gamins du « Petit Rapporteur » ne sont pas fâchés de faire une pause. À l'âge adulte, retrouver son âme d'enfant est un travail à plein temps, et beaucoup sont las. « Au bout d'un an et demi, on était fatigués par la cadence hebdomadaire de l'émission et les petites brouilles au sein de l'équipe, explique Pierre Bonte. Nous nous sommes séparés sans tristesse ni amertume, en éprouvant plutôt un certain soulagement… »

Il ne sait pas encore, bien sûr, que cette séparation n'est que provisoire. Dans moins de six mois, l'équipe va rempiler sous la direction d'un Jacques Martin plus en forme que jamais. Mais, pour le moment, c'est le temps des vacances. En compagnie d'une Danièle Évenou qui s'arrondit de jour en jour – son bébé doit naître en novembre –, l'animateur le plus célèbre de France quitte la capitale. Il va passer deux mois à imaginer et à construire son avenir. Car il est ainsi, Jacques Martin. Incapable de s'arrêter de faire des projets. Outre son travail à la télévision et à la radio, il a commencé à écrire des dizaines de livres, les a laissés en plan après les avoir presque terminés au profit de pièces de théâtre ou de scénarios de films. Son seul loisir, sa seule distraction ? La cuisine, bien sûr. Ces petits plats qu'il mitonne pour des amis toujours invités en grand nombre à sa table. Il ne sait jamais combien ils seront quand il fait le marché. Mais qu'importe. Il compte large, et il a raison. Les amateurs de bonne chère se pressent toujours chez lui. Et souvent, à la fin du repas, il leur offre l'une de ses improvisations qui font rire à perdre le souffle ! À cet instant, Danièle Évenou est pleinement heureuse. Même si elle sait que, le dernier invité parti, Martin va de nouveau tourner en rond comme un ours en cage, tout en mettant sur pied projet sur projet…

Novembre. Jacques Martin, déjà papa de David, 15 ans, Élise, 11 ans et du petit Frédéric voit sa famille s'agrandir avec l'arrivée de Jean-Baptiste. Si Danièle Évenou, qui attendait une petite Valentine, est déçue, elle ne le montre pas. Martin, lui, rayonne. Car, de l'avis général, Jean-Baptiste est son portrait craché. Il ne lui reste plus qu'à trouver un appartement assez grand pour abriter toute la famille, et à signer un nouveau contrat avec la télévision.

« Avec toutes ces bouches à nourrir, lance-t-il, ça urge ! »

Maître Jacques n'a pas trop de souci à se faire. On lui propose en effet de signer un fabuleux contrat à l'occasion d'un transfert sur Antenne 2. La chaîne présidée par Marcel Jullian a souffert pendant dix-huit mois du succès du « Petit Rapporteur ». Elle est prête à « mettre le paquet » pour attirer l'animateur. Pour commencer, elle lui propose de prendre l'antenne tous les dimanches, entre 12 heures et 21 h 30. Il aura bien sûr carte blanche pour meubler cette tranche horaire. Son cachet ? Il tournerait, à ce que l'on dit, aux alentours de un million de francs par mois. Mieux encore. Antenne 2 – qui est prête à tout pour satisfaire l'homme par qui l'audience arrive – lui propose de devenir le locataire exclusif du théâtre de l'Empire, situé au 41 de l'avenue de Wagram, dans le XVIIe arrondissement. Autant dire au pied de l'Arc de Triomphe ! Une salle de spectacle historique datant de 1897, pouvant accueillir mille deux cents spectateurs sur deux niveaux et équipée d'un écran géant de trente mètres sur dix. Quoi de mieux pour présenter une émission grand public ? Rien, en vérité. Et du coup, Jacques Martin accepte sans hésiter. Il a enfin un théâtre, son théâtre. Son vieux rêve est devenu réalité. L'on imagine le sentiment de plénitude qui le saisit quand, pour la première fois, il entre dans « sa » salle, où – il en est certain – il va faire de grandes choses. Pour commencer, bien sûr, il va aménager l'endroit. Sur la droite, il y aura une régie vidéo, pour que le réalisateur puisse voir la scène dans son entier. Dans le fond, derrière l'entrée, une cabine son. Elle sera aveugle, mais quelle importance ? Derrière la scène, des loges, sur trois étages. Au premier, on installera les maquilleuses. Les costumes seront entreposés côté cour, sur la droite. Quant à son bureau, il sera au premier étage, juste à côté de celui du directeur de production...

Jacques Martin n'imagine pas encore qu'il va devenir l'âme de cette salle pendant plus de vingt ans. Mais, en cet automne 1976, aucun nuage n'assombrit plus son humeur. Et pour cause ! Il signe ce qui, selon les spécialistes, est « le plus gros contrat à un producteur par la télévision française », et passe avec armes et bagages de la première à la deuxième chaîne. Il lui reste à être à la hauteur de sa réputation et à meubler « sa » tranche horaire. Une gageure ? Pour n'importe qui, mais pas pour lui : « Je vais faire une sorte de grand almanach illustré, confie-t-il à *Télé 7 Jours*. Je l'appellerai "Dimanche Martin". J'ai quarante idées. Il y aura sûrement une grande série, un concert en stéréo avec Radio-France, un rendez-vous avec les enfants à 17 heures, des reportages sportifs, l'actualité, ses spectacles, et bien entendu "Le Petit Rapporteur", qui portera un nouveau titre, car celui-ci appartient à TF1. »

TF1, dont les dirigeants font la tête ! Non seulement leur animateur-vedette quitte la chaîne mais, en plus, il emmène avec lui une émission-phare. Du coup, ils sortent la grosse artillerie, et créent l'émission « C'est pas sérieux » de Catherine Anglade, qui sera remplacée plus tard par le grand Jean Amadou, et surtout un « Rendez-vous du dimanche » avec Michel Drucker. En prime, ils décident de faire un procès à Jacques Martin pour plagiat…

Un procès plus une « contre-programmation » ? Il en faudrait plus pour abattre l'ancien élève des jésuites de Lyon. Jacques Martin bat le rappel de ses troupes et se met au travail. Pour commencer, il « monte » un nouveau « Petit Rapporteur », baptisé « La Lorgnette ». Stéphane Collaro, Piem et Pierre Bonte acceptent d'être de la partie. Et, pour insuffler du sang neuf à l'équipe, Jacques Martin fait appel à deux nouveaux : Alain Scoff, un jeune auteur qui connaît le succès au café-théâtre, et le journaliste Gérard Pabiot, qui n'a pu prendre le départ du « Petit

Rapporteur » en 1975, et qui est ravi de rattraper le temps perdu.

« Par le petit bout, par le petit bout, par le petit bout de la lorgnette, on y voit bien mieux, on y voit bien mieux que par le gros bout ! » C'est en chanson que toute l'équipe ouvre cette nouvelle émission.

Dimanche 23 janvier 1977. Il est 13 h 20. C'est la première diffusion de « La Lorgnette ». Des centaines de milliers de Français sont devant leur petit écran, prêts à assister aux nouvelles facéties de la « bande à Martin ». Des facéties qui, il faut bien le dire, ressemblent comme deux gouttes d'eau aux précédentes. Piem déroule sa « petite semaine ». L'actualité est revue et corrigée par Jacques Martin. Pierre Bonte sillonne de nouveau la campagne française, et il y déniche des figures étonnantes. Gérard Pabiot, lui, a du mal à s'imposer. Il est vrai que Collaro, Piem ou Bonte sont déjà des stars. Difficile, dans ces conditions de se faire une place au soleil. « À mon arrivée, se souvient Gérard Pabiot, je ne savais pas ce que j'allais faire. À chaque fois que je proposais un sujet, on me disait : "Non, ça, c'est le truc de Bonte", ou : "Non, c'est plutôt à Collaro de faire ça." Ils s'étaient tous fait leur pré carré, et il n'était pas question d'aller empiéter dessus ! Bonte était l'apôtre médicinal, il avait ses personnes âgées. Collaro, c'était "tonton mayonnaise", etc. ! Pour finir, j'ai choisi les micros-trottoirs, un "art" que j'avais peaufiné quand je travaillais avec Philippe Bouvard sur RTL. »

C'est ainsi que, semaine après semaine, Pabiot, un journal à la main, interroge les gens à chaud dans la rue sur les gros titres de l'actualité. Au hasard des quartiers parisiens, au rythme des marchés et de quelques « qu'est-ce que ça vous inspire ? » ou

« que pensez-vous de... ? », les réponses cocasses fusent.

« Une fois, j'ai demandé à un professeur ce qu'il pensait des *Études* de Chopin. Il m'a demandé : "Rappelez-moi, qu'est-ce qu'il fait déjà, ce Chopin ?"

— Du piano !

— Ah oui ! Le piano, c'est très bien, mais il faut lui rappeler que les études sont plus importantes ! »

Au micro de Gérard Pabiot, *La Walkyrie* devient un fromage célèbre à tartiner sur du pain, « le train de vie de Claude François », un cheval à vapeur appartenant à un certain M. François et les *Polonaises* de Chopin, une question de vie privée qui ne regarde personne d'autre que ce M. Chopin. Il découvre aussi un brave homme qui se dit très bien informé sur tout, et veut en parler, mais qui ne dit jamais rien. Quant à Enrico Macias, il n'a pas l'oreille musicale mais l'oreille abîmée. Bref, à l'occasion de chacun de ses tournages, Gérard Pabiot récolte des perles qui font beaucoup rire Jacques Martin et le public de « La Lorgnette », mais bien moins le reste de l'équipe, qui trouve « déplorable » de rire du manque de culture générale du Français moyen ! Il faut dire que l'atmosphère qui règne au sein de l'équipe n'est pas des meilleures, loin de là...

« Jacques Martin appliquait le vieil adage "diviser pour mieux régner", dit Gérard Pabiot, si bien qu'il entretenait une pression permanente entre nous et nous montait les uns contre les autres. Par exemple, quand il venait voir nos reportages à la fin du montage, il lui arrivait de dire : "Ah ! Gérard, heureusement que tu as fait ce sujet, parce que si j'avais dû compter sur Collaro, Bonte ou Piem pour l'émission, nous n'aurions rien eu de bon !", mais je savais qu'il faisait la même chose avec les autres. »

Dans ces conditions, la compétition pour s'attirer les bonnes grâces du maître est permanente. Et ce qui est permanent, aussi, c'est le stress qui gagne les journalistes le lundi matin !

11 heures pétantes au théâtre de l'Empire. Loin du décor « cosy » de l'hôtel particulier de Jacques Martin où se déroulaient les conférences de rédaction du « Petit Rapporteur », loin aussi des « mâchons » jadis préparés par Danièle Évenou, l'équipe de « La Lorgnette » se réunit pour préparer la semaine. Plus question de rillettes, de saucisson ou de confit arrosé d'un bon cru. Au fil des mois, Jacques Martin a perdu son côté bon vivant pour devenir exigeant et tyrannique. Et la réunion tourne vite au cauchemar, car il faut impérativement lui proposer de nouveaux sujets. Un vrai casse-tête quand il faut se renouveler sans cesse, trouver des idées ; bref, être le meilleur !

« Ce rendez-vous de travail pouvait être épuisant, crevant. Et même lugubre quand on ne trouvait rien [...] », témoigne Stéphane Collaro.

Un grand silence. Des regards baissés. Une atmosphère lourde. Piem sifflote. Collaro esquisse un sourire gêné. Pierre Bonte farfouille dans ses notes. Voilà de longues, très longues minutes maintenant qu'ils sont assis autour de Jacques Martin. Les uns après les autres, ils ont proposé leurs sujets. Mais Jacques Martin n'a pas esquissé le moindre acquiescement. Au contraire, il a plissé les lèvres d'un air mécontent. Dans tout ce qu'il vient d'entendre, il n'y a que du déjà-vu, du déjà-fait. Ce n'est pas avec ça qu'on va faire de l'audience. La télé, le dimanche, ça doit pétiller d'idées, faire rire, émouvoir, enthousiasmer. Sinon, le téléspectateur « zappe » et passe sur l'autre chaîne. La Une, celle où Jean Amadou s'en donne à cœur joie dans le registre chansonnier. Alors il faut foncer, bouger, être réactif, ou c'est la mort de l'émission ! Mais, sous l'œil féroce de Martin, les journalistes restent cois. Un effet bien connu du stress : il étouffe, si besoin était, tout élan, toute idée nouvelle. Et ouvrir une nouvelle fois la bouche pour se faire tancer par maître Jacques, à quoi bon, vraiment ? Du coup, le silence se fait encore plus épais, jusqu'à ce que le maître de cérémonie débloque enfin la situation.

« Le génie et le talent de Martin m'ont toujours sidéré, se souvient Gérard Pabiot. Chaque lundi, il faisait un tour de table pour savoir qui avait une idée. Quand nous n'avions rien à proposer, il s'énervait en disant qu'il croyait avoir recruté les meilleurs dans leur domaine et qu'on n'était pas foutu de trouver des sujets. Puis il prenait les journaux posés devant lui, les lisait en vitesse, levait le nez et concluait : "On va faire ça." Et tout devenait évident ! On repartait chacun avec nos sujets. »

Effectivement, tous repartent, et vite ! Car travailler avec Jacques Martin, qui lui-même ne s'arrête jamais, c'est entrer dans une spirale infernale. Pour voir par le petit bout de « La Lorgnette », il faut laisser tomber sa vie privée et avoir des appétences pour le sacerdoce. Sans oublier, bien sûr, d'être en permanence sur le pied de guerre ! L'émission étant en direct le dimanche, il faut une semaine entière pour la préparer, et l'emploi du temps est serré : lundi, choix et attribution des sujets, mardi, préparation des tournages, mercredi et jeudi, tournage des reportages, vendredi et samedi, montage, visionnage et modifications éventuelles, si Jacques Martin le juge nécessaire !

« On refaisait les choses quinze fois, soupire Gérard Pabiot. Et si ça ne lui convenait pas, ça partait à la poubelle ! »

Autant dire que, pour paraître en pleine forme et souriant sur le petit écran, il faut à tous quelques épaisseurs de fond de teint pour la mine et quelques verres pour l'humeur !

Pourtant, chaque dimanche, « la Lorgnette » est prête, et l'équipe au complet se retrouve en fin de matinée au théâtre de l'Empire. Sur scène, le décor de carton-pâte représentant des yeux grossis par des loupes est en place. Les techniciens de la SFP et du théâtre s'évertuent à peaufiner l'éclairage et à disposer les caméras tandis que, dans sa régie, le réalisateur aboie des ordres pour que la retransmission en direct fonctionne : à 13 h 30 exactement, l'actualité vue par le petit bout de la lorgnette doit devenir limpide à des millions de gens. En coulisse, Jacques Martin, qui aime la perfection, veille au grain, l'œil critique et la réflexion au bord des lèvres. Malheur à l'insolent qui, à cet instant, s'aviserait de remettre en cause l'une ou l'autre de ses décisions ! Plus jeune, Martin détestait qu'on le contredise. Aujourd'hui qu'il a un peu de bouteille, il le prend encore plus mal. Mais ceux qui le considèrent comme un mégalomane trop vite arrivé au sommet de sa profession se trompent. Si Jacques Martin est si sensible à la critique, c'est qu'il est toujours anxieux de plaire, d'attirer la sympathie. D'être aimé, en un mot, comme il ne l'a pas été quand il était jeune. « Dans ce métier, dira-t-il plus tard, nous portons tous un masque. Nous cherchons à “vendre” au public un double qui n'est pas nous-même. Nous finissons par être amoureux de ce personnage que nous défendons. C'est un peu notre enfant. Une mère tolère qu'on dise du mal d'elle-même, mais ne supporte pas que l'on offense son enfant. C'est pourquoi les gens du spectacle sont plus sensibles que les autres. Ils doutent plus que quiconque. »

Et des doutes, Dieu sait que Jacques Martin en est empli au moment où « La Lorgnette » va commencer. À l'extérieur, avenue de Wagram, devant l'immense baie vitrée qui orne la devanture de l'Empire, plusieurs cars de touristes sont stationnés. Dans quelques instants, des voyageurs venus de toute la France s'installeront, tout excités, dans la salle tendue de velours pourpre. Un public enthousiaste qui, avant même d'être assis, laisse déjà éclater sa joie ! Et lui, dans sa loge, passe et repasse dans son esprit le fil de l'émission, pèse et repèse chacun des mots qu'il compte prononcer et qu'il ne prononcera sans doute pas, pris dans l'euphorie du « direct ». Puis, enfin, vient l'instant où il doit sortir, gagner la scène du théâtre de l'Empire transformée en plateau. Un homme sûr de lui en apparence mais qui, gageons-le, sent l'angoisse lui nouer la gorge.

13 h 20. Derrière le rideau, l'équipe de « joyeux farceurs » se fait pomponner par les mains expertes des maquilleuses, tout en engloutissant un repas bien arrosé. Un moment qu'Antenne 2 a choisi de retransmettre en direct, en guise de bande-annonce. Pourtant, les journalistes alors filmés fourchette à la bouche n'en gardent pas un très bon souvenir : « Le comble, se souvient Gérard Pabiot, c'est que nous étions obligés d'être là mais que le repas n'était pas payé par la production. Si bien qu'un jour, pour bien faire comprendre cette injustice aux téléspectateurs, au moment de la bande-annonce, Piem a montré qu'il avait apporté sa propre gamelle ! Inutile de dire que ça n'a pas plu du tout à Martin. »

Mais celui-ci n'a pas le temps de se laisser aller à sa mauvaise humeur. Car le générique de l'émission résonne déjà, chanté et rythmé par un public de mille deux cents personnes qui tapent dans leurs mains. Il est temps de faire taire toutes les rancœurs : le rideau se lève. Jacques Martin, en maître de cérémonie, debout sur les planches, ouvre son émission. Comme tout comédien, c'est incontestablement le moment qu'il préfère et redoute le plus. Malgré l'expérience, l'adrénaline inonde son corps. Il s'adresse en souriant à ceux qui l'écoutent, parle lentement pour masquer son trac mais trahit son stress en remettant sans cesse les pans de sa veste en place.

« Bonjour, bon dimanche [...]. Nous allons vous présenter le seul journal en France qui dise toute la vérité. Informations que nous espérons joyeuses [...]. Et comme il n'y a pas de journal sans journalistes, voici donc... »

Un à un, Jacques Martin fait entrer en scène les journalistes de son équipe, sourire aux lèvres et main levée en guise de salut. À cet instant, il semble être particulièrement fier d'eux. Mais les jours de mauvaise humeur, Piem, Bonte, Collaro et les autres se disent qu'il préférerait sans doute présenter son émission tout seul, ne pas partager l'affiche. Il est devenu tellement égocentrique, tellement dur, tellement cynique ! Il régente tout, d'une main de fer, allant même jusqu'à demander à l'ingénieur du son de couper le micro des journalistes qui n'ont pas la parole, pour parer à tout incident ou toute réflexion trop acide.

Est-ce cet autocratisme qui, fin 1977, fait finalement craquer Piem ? Quoi qu'il en soit, les choses se gâtent entre lui et Martin. « Pendant plusieurs semaines, à l'antenne, ils ont pratiqué l'un envers l'autre un humour de plus en plus acide », écrit Pierre Bonte dans *Le bonheur était dans le pré*.

C'est le début de la fin. Un dimanche, Piem passe toute l'émission à lire ostensiblement son journal. Quelques jours plus tard, il claque la porte.

« Jacques Martin a un fromage, déclare-t-il à un journaliste de *Paris Match*. J'étais son asticot. [...] Avec lui, pas question de participer aux projets, aux idées. Il décide seul. »

La réponse de Jacques Martin est aussi fulgurante que cinglante : « Piem s'en va ? dit-il. Enfin on respire ! »

Piem sera remplacé par deux tout jeunes journalistes : Laurent Cabrol et Alexandre Lichan. Le dimanche, au théâtre de l'Empire, on continue de rire, même si parfois, certains rient un peu jaune. Le public suit sans problème, et c'est l'essentiel, se persuade Martin. Pourtant, lui qui rêvait des hommages de la salle a bien changé. Car lorsque l'un ou l'autre des spectateurs quitte son fauteuil et monte sur scène pour chuchoter une blague à son oreille, son visage se crispe légèrement. Voilà qui est bien surprenant de la part de cet homme si soucieux jadis de partager ses émotions avec « ses » spectateurs. Mais la télévision est ainsi faite qu'elle fabrique des enfants gâtés de l'antenne. À 44 ans, Jacques Martin est l'un d'eux. D'ailleurs, ne vient-il pas de créer un deuxième succès d'audience : « L'École des fans » ?

Nous reviendrons plus tard sur cette émission culte. Restons, pour le moment, avec les journalistes de « La Lorgnette ». En ce début 1978, ils n'ont pas trop le moral. Ils se voient brocardés par la presse, qui multiplie les critiques. « Jacques Martin ressemble de plus en plus à Ubu, et fait son poids d'ordures ménagères, écrit l'inoubliable Yvan Audouard dans *Le Canard enchaîné*. Pierre Bonte ne va pas tarder à devenir son Premier ministre. Ses grandes oreilles, son crâne d'œuf ont ravi la vedette au tarin de Collaro, qui a longtemps fait rêver dans les chaumières… »

Et ainsi de suite. Quoi d'étonnant, alors, si même les plus fidèles quittent le navire ? Quelques mois avant la fin de l'émission, Gérard Pabiot, le spécialiste des micros-trottoirs, décide de reprendre sa place de reporter au journal télévisé d'Antenne 2 et annonce à Jacques Martin qu'il quitte « La Lorgnette ». « J'ai fait un pot de départ au théâtre de l'Empire. Tout le monde est venu sauf Martin, qui est passé à côté de moi et de mon épouse, présente ce jour-là, sans nous reconnaître ! »

Mais comment s'étonner de cette attitude ? Les départs, Jacques Martin déteste ça. Sans doute en a-t-il trop vécu dans son enfance.

11

« Je ne suis jaloux de rien ni de personne.
Un peu de reconnaissance me ferait juste plaisir. »

(Jacques Martin)

Peu de gens le savent : préparer une émission de télévision est harassant. Comme tous les animateurs-producteurs, Jacques Martin a réuni autour de lui une solide équipe : journalistes, chroniqueurs, mais aussi assistants, secrétaires, sans compter les stagiaires. Mais, si le travail de terrain est fait par d'autres que lui, la conception des émissions elles-mêmes – sans compter leur présentation, bien sûr – repose totalement sur ses épaules. Entre les conférences de rédaction, les visionnages des sujets et bien sûr les tournages, l'emploi du temps de Jacques Martin est plein à ras bord. En 1976, il renonce, partiellement du moins, aux galas qu'il faisait dans toute la France. Mais il se produit encore très régulièrement au théâtre dans des shows délirants dont il rédige les sketchs. Les jours de relâche, il sort, entraînant Danièle Évenou chez Castel, où ils retrouvent toute une bande de copains avec laquelle ils font la fête jusqu'à l'aube. À ce rythme, n'importe quel homme serait mort de fatigue au bout de quinze jours. Pas

Jacques Martin. Bourreau de travail, insomniaque, il en rajoute encore et encore. Une frénésie telle que, dans Paris, la rumeur court, prétendant que le thé vert ne serait pas le seul produit dopant qui lui ferait tenir le coup.

D'abord, il y a les livres – ces livres qui lui ont tenu compagnie si longtemps, chez les bons frères. Là-bas, dans son pensionnat, il les dévorait, rêvant qu'un jour, lui aussi serait l'égal de Victor Hugo ou de Tolstoï. Très jeune, d'ailleurs, il s'y essaie et couche des milliers de mots sur des feuilles blanches. Artiste confirmé, il profite de ses insomnies ou de week-ends de pseudo-détente à la campagne pour récidiver. Martin écrit d'une traite ou presque, puis il rature, recommence, déchire, recommence de nouveau, pour finalement abandonner la plupart de ses manuscrits. Car, à la relecture, rien ne le satisfait, rien ne lui convient vraiment. Quelques-uns d'entre eux finissent, néanmoins, par être publiés. Citons entre autres *J'ai peur*[1] et *Le Soldat de porcelaine*[2]. À chaque sortie, Jacques Martin attend anxieusement que son talent soit reconnu. À chaque fois il est déçu, même s'il emporte un succès d'estime. Mais, on l'aura compris, il n'est pas de ceux qui se découragent. Livre après livre, il avance. Et quand il en a assez d'écrire, il se met à chanter.

On l'a déjà dit, les seuls souvenirs heureux que maître Jacques garde de son enfance sont liés à la musique. Chez lui, il y a toujours un disque posé sur la platine. « Le Petit Rapporteur » fait entendre du Satie comme musique d'ouverture. Dans ses émissions du

1. La Table Ronde, 1976.
2. Robert Laffont, 1991.

Jacques Martin à ses débuts de comédien, sur la scène du cabaret strasbourgeois de Germain Muller, le Barabli. Ici dans le sketch « Jalousie », avec Dinah Faust et René Wuibert, en 1961.
(coll. privée Dinah Faust)

Jacques Martin a toujours eu le sens du spectacle. En 1964, pour le lancement d'une nouvelle émission, en direct sur RTL, il escalade l'immeuble de la station, au 22 rue Bayard, dans le VIIIe arrondissement de Paris.

Le 8 juin 1967, Jacques Brel félicite Jacques Martin dans sa loge à Bobino, lors de la reprise de sa comédie musicale *Petipatapon*.

En 1968, Jacques Martin et Jean Yanne, son premier complice. *« On nous avait réunis parce que lui, on le trouvait un peu trop caustique, et moi , je faisais figure de gentil comédien débarquant de sa province »*, disait Jacques.

Il avait surnommé Danièle Gilbert, sa partenaire dans « Midi-Magazine », la « Grande Duduche ». Ici avec le chanteur John Rowles, aux débuts de l'émission, le 21 janvier 1969.

L'équipe de « Midi-Magazine » répète une chanson pour l'émission du jour. *De gauche à droite :* Danièle Gilbert, Jacques Martin, Georges Folgoas, le pianiste Popof et le violoncelliste Kiki. *« Jacques avait une voix superbe et improvisait chaque jour de nouveaux gags »*, se souvient Mme Folgoas.

(coll. privée Georges Folgoas)

Le 12 janvier 1970, lors de l'enregistrement de l'émission télévisée « La Grande Farandole ». *De gauche à droite :* accompagnés par des saxophones *(à l'arrière-plan)*, Jacques Martin, Jacqueline Maillan, Maurice Biraud, Sophie Desmarets et Jean Poiret jouent aux trompettistes.

Jacques Martin, un artiste complet. Ici, à la trompette, lors des répétitions d'un spectacle, en 1970, sur la scène de l'Olympia à Paris.

Dans ses sketches, il ne recule devant rien pour faire rire son public ! Le voici barbouillé de mousse à raser dans l'émission « Taratata » du 11 octobre 1973.

1973. Jacques Martin réalise son premier film, *Na !,* dans lequel il joue le rôle de Chapoulot, un ex-parachutiste tout juste sorti de prison.

Le 11 janvier 1974, Régine Crespin et Jacques répètent leur duo pour les rencontres du Palais-Royal.

La comédienne Danièle Évenou a partagé la vie de Jacques Martin pendant huit ans. Ici à la première du spectacle d'Enrico Macias, à l'Olympia, en 1974.

La bande du « Petit Rapporteur » au grand complet, le 31 décembre 1975. *De gauche à droite :* Stéphane Collaro, Pierre Bonte, Pierre Desproges, Piem, Daniel Prévost et Jacques Martin.

De gauche à droite : Piem, Jacques Martin, Alain Scoff et Gérard Pabiot. En 1977, sur le plateau de « La Lorgnette », qui succéda au « Petit Rapporteur ».
(coll. privée Gérard Pabiot)

Le 18 mars 1977, lorsqu'il reçoit une récompense avec Michel Drucker, Jacques Martin ignore que, vingt ans plus tard, ce jeune animateur sera choisi par France 2 pour le remplacer à l'antenne le dimanche après-midi.

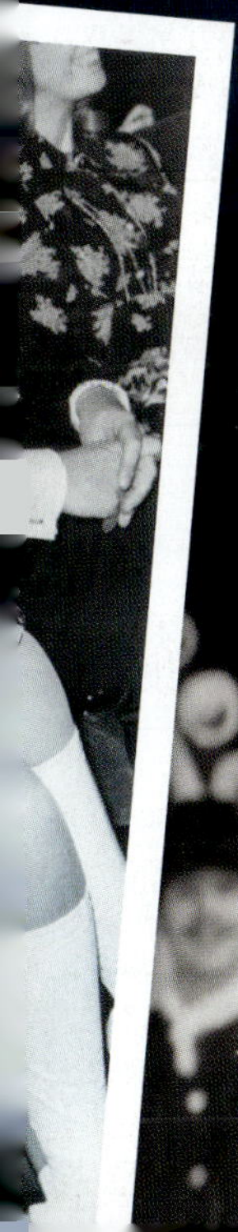

Stéphane Collaro et Jacques Martin, un duo d'artistes et deux fidèles amis (« La Lorgnette », le 16 janvier 1978).

Un petit rôle dans un grand film : *La Passante du Sans-Souci,* de Jacques Rouffio (1982).

Marion Game, l'un des grands amours de Jacques Martin. Ensemble sur scène dans *J'y suis, j'y reste,* en 1984.

L'opéra : une autre passion de Jacques. Ici le 12 novembre 1986, au Théâtre de Paris, interprétant le rôle de Ménélas dans *La Belle Hélène* d'Offenbach, avec Gabriel Bacquier et Eva Saurova.

Jacques Martin et Cécilia Ciganer-Albeniz (future Mme Sarkozy), après la naissance de leur fille Jeanne-Marie, le 9 juin 1987.

Jacques Martin a fait quatre ans d'analyse avant de passer sur « Le Divan » d'Henri Chapier, en 1989.

Jacques dans son élément : la scène de son émission « Dimanche Martin », en 1988.

Avec Bob Quibel et son orchestre, au début des années 1990 : la grande époque du théâtre de l'Empire.
(coll. privée Robert Quibel)

Jacques Martin et Céline, sa dernière épouse, après la cérémonie de leur mariage à Tourette-sur-Loup, le 21 avril 1992.

dimanche, entre deux chanteurs à la mode, on peut entendre Nathalie Dessay ou Barbara Hendricks. Et si Jacques Martin ne lit pas une note de solfège, il sait d'instinct poser sa voix. Cet autodidacte réussit même, à force d'obstination, à diriger un orchestre : celui d'Alain Lombard, qui donne un concert à Strasbourg ! Aujourd'hui encore, Danièle Évenou se souvient avec émotion de cette soirée de Noël 1977. Jacques Martin, vêtu d'un smoking noir, baguette à la main, est debout devant des dizaines de musiciens. Il lève sa baguette. Et d'un coup, tandis que la musique s'élève, ses traits se détendent. Un large sourire étire ses lèvres. Il rayonne. Comme jamais elle ne l'a vu rayonner, même au plus fort de son bonheur, au cours d'une émission de télé !

« Il a aussi chanté dans *La Belle Hélène,* dit le musicien Robert Quibel. Il avait appris tous les textes par cœur. Il y mettait tellement de force et de conviction, alors qu'il n'y connaissait rien ou presque ! Quand il me parlait musique, il fallait toujours que je traduise, et ce n'était pas toujours facile. Par exemple quand il disait "piano", ça voulait dire moins fort. Je lui ai conseillé cent fois d'apprendre au moins les bases. Mais le côté technique, ça l'agaçait. Même s'il rêvait d'interpréter *La Tosca*... »

Jacques Martin n'est donc pas une fourmi, mais une cigale. En matière de musique comme dans bien d'autres domaines, il veut immédiatement briller. Travailler des heures pour intégrer un détail, recommencer cent fois à lire la même portée, accepter de ne pas être excellent tout de suite, il ne le supporte pas. Quand il n'y arrive pas, il renonce. Il touche à tout, virevolte, passe du livre à l'opérette, et de l'opérette à la cuisine, sa troisième passion.

À en croire son entourage, Jacques Martin aurait pu être un grand chef. Plus qu'un métier, cuisiner est en effet pour lui un art, tout en nuances et en délicatesse. Comme jadis son grand-père Johannès Ducerf, il rassemble ses ingrédients avec précaution, s'assure de leur fraîcheur, connaît tous les « trucs » pour choisir, entre tel et tel légume, viande, poisson ou fruit, le meilleur. La préparation est à l'avenant, un travail d'artiste, qui peut lui prendre des heures. Mais, dans sa cuisine, Martin le pressé, l'impatient, perd la notion du temps. La seule chose qui compte, c'est que le plat qu'il mitonne soit réussi. Parfois, il emprunte une recette à l'un ou l'autre des grands chefs devenus ses amis. Il l'accommode à sa façon, en prenant cependant soin de citer sa source.

« Trois tomates, des herbes, un loup choisi avec soin, il nous faisait un repas de roi ! raconte Robert Quibel, qui a souvent été le convive privilégié de Jacques Martin. Mais attention : il choisissait chaque ingrédient avec un soin maniaque. Il fallait que ce soit parfait. Sinon, il n'en voulait pas ! »

Et comme tous les grands cuisiniers sont de fins gourmets, quand Jacques Martin sort de ses fourneaux, c'est pour entraîner l'un ou l'autre de ses amis dans des « virées » gastronomiques exceptionnelles. Aujourd'hui encore, Paul Bocuse garde un souvenir ému de ses visites : « Il savourait les plats comme personne, se souvient-il. Il ne mangeait pas, il se délectait. Ensuite, il questionnait. Demandait comment le plat avait été fait, détaillait chacun de ses ingrédients… » L'amour pour la cuisine était son bien familial le plus précieux. Une passion pour héritage. Un cadeau de la vie qu'il a voulu transmettre à tous ceux qui l'aimaient à travers un livre, co-écrit avec son fils David et intitulé *Le Bonheur à table*[1].

Les livres. Le chant. La cuisine. La télévision. Comme si cela ne suffisait pas, Jacques Martin trouve encore le temps de voyager. L'année 1979 le voit sur la Grande Muraille de Chine en compagnie de Stéphane Collaro. Dans un avion volant vers le Japon, il croise la route d'Albert Spaggiari, gentleman cambrioleur en « cavale ».

« Il a été très gentil, dira Jacques Martin le plus sérieusement du monde. Il a même acheté des jouets à mes enfants ! Je l'ai revu ensuite, toujours par hasard, dans un hôtel de Rio. Je lui ai serré la main. Ce n'est pas bien, ce qu'il a fait, mais au moins, cet Arsène Lupin nouvelle version n'a-t-il pas de sang sur les mains ni, je pense, de haine dans le cœur ! »

Retour en arrière. Nous sommes de nouveau en 1978, à l'époque de cette « Lorgnette » qui n'a plus que quelques mois à vivre, et de « Bon dimanche ». Les choses vont plutôt mal pour Jacques Martin. En effet, les critiques pleuvent. Pour certains, « "La Lorgnette" se sert trop de son petit bout pour regarder les événements ». Pour d'autres, « Bon dimanche » est dans son entier placé sous le signe du mauvais goût. L'hebdomadaire *Télé 7 Jours* publie un certain nombre de lettres de téléspectateurs qui, dans leur grande majorité, voudraient voir Jacques Martin quitter le petit écran. En fait, et pour la première fois, celui-ci se voit rejeté par une partie de son public. Cet « animateur de foire » est « vulgaire ». On lui préférerait, de loin, le traditionnel film du dimanche après-midi. S'il est blessé

---

1. Robert Laffont, 1988.

– et il l'est forcément ! –, Jacques Martin répond point par point à ces critiques acerbes. Parce qu'il tente d'amuser un public populaire, voilà qu'on le voue aux gémonies !

« Certains de mes gags, dit-il, ont le même impact que les tartes à la crème du bon vieux cinéma muet. Et je vais en outre me montrer immodeste en reprenant les vers de Boileau : "Dans le sac ridicule où Scapin s'enveloppe / Je ne reconnais plus l'auteur du *Misanthrope* !" »

Cette réplique et le soutien d'un grand nombre d'autres téléspectateurs ne suffisent pas à empêcher l'arrêt de « Bon dimanche ». Une fois de plus, l'animateur est sur la touche. Il rebondit avec panache, puisqu'il décide de remonter sur les planches.

Dix-huit jours et dix-huit nuits. Voilà le temps qui a été nécessaire à Jacques Martin pour rédiger *Une case de vide,* sa première pièce de théâtre. Comme, selon l'adage, on n'est jamais mieux servi que par soi-même, il la met en scène à la Michodière. Le succès de ce one-man show délirant consacré à la psychanalyse lui met du baume au cœur. Et comme il est toujours là où on ne l'attend pas, ce forcené de travail s'envole quelques mois plus tard pour la Polynésie, où le film est tourné.

C'est Jean L'Hôte, le réalisateur, qui l'a choisi pour tenir le rôle principal du *Rescapé de Tikeroa* : un gendarme un rien naïf, oublié sur une île polynésienne pendant la guerre. Il a prévenu Martin : son rôle sera difficile, puisqu'il sera de toutes les scènes. En fait, il portera sur ses épaules tout le poids du long métrage. Loin de rebuter l'animateur, ce discours le ravit. Enfin ! Après l'échec de *Na !* et quelques scènes tournées de-ci, de-là, notamment dans *Érotissimo,* on lui confie un vrai rôle au cinéma ! Même si le tournage, prévu en Polynésie, doit l'éloigner plusieurs semaines de ses activités habituelles, Martin accepte sans hésiter. En route pour le septième art, à l'autre bout du monde, et sur les traces de l'une de ses idoles, Marlon Brando !

C'est sur la petite île de Huahine, à trente minutes de vol de Tahiti, que le tournage du *Rescapé de Tikeroa* doit avoir lieu. À première vue, l'endroit est enchanteur. Avec ses plages de sable blanc, sa végétation luxuriante et ses lagons d'un bleu profond, l'île est un paradis offrant au voyageur des paysages de carte postale. Mais l'envers du décor n'est pas toujours aussi sympathique. D'abord parce qu'il fait chaud, très chaud même. À certains moments de la journée, l'air est irrespirable. Ensuite parce que, dès 17 heures, au coucher du soleil, l'endroit est infesté de moustiques. De surcroît, la pauvreté fait des ravages. À peine débarqué, Jacques Martin se rend compte qu'ici les enfants ont parfois faim. Mais aussi qu'ils meurent de maladies qui, normalement soignées, sont bénignes. Un état de fait qui indigne l'animateur : « Je conseille aux responsables des Dom-Tom de ne pas se contenter d'être reçus à Papeete mais d'aller incognito sur une île éloignée, et de voir où en est le service sanitaire, de voir comment vivent ces Français d'outremer. J'ai eu honte ! » confie alors Jacques Martin aux journalistes.

Il dit vrai. Mais ce qui est vrai aussi, c'est que lui que l'on croit être un Parisien endurci, un rien snobinard, mondain invétéré, adore partager la vie des habitants de l'île. Après chaque journée de tournage, il rejoint le « faré » dans lequel une famille l'attend pour dîner. Un repas simple, composé le plus souvent de poissons marinés, à l'issue duquel a lieu la veillée.

Jacques Martin écoute ses hôtes bavarder entre eux, sans comprendre ce tahitien qui est leur langue maternelle. Mais s'il ne saisit pas le sens de leurs mots, leurs conversations l'apaisent. Il est enfin heureux dans ces maisons dépourvues de confort, au milieu de gens qui vivent encore dans un autre siècle mais toujours en famille. Le dimanche lui, l'anticlérical, va même à l'office, où il écoute la population chanter des chants religieux aussi beaux que la musique polyphonique occidentale. Le lendemain, fidèle au poste, il endosse de nouveau le costume du *Rescapé de Tikeroa* : un gendarme moustachu, aux cheveux bien dégagés derrière les oreilles, au petit ventre rond sous sa chemise blanche réglementaire. Et, face aux caméras, il se demande peut-être s'il ne va pas rester là, sur l'île, plutôt que de regagner Paris, cette ville où plus personne ne l'attend...

Huit ans. Danièle Évenou a tenu huit ans. Huit longues années parfois heureuses, souvent houleuses. Puis elle a fini par craquer, et par jeter l'éponge. Elle aime toujours Jacques Martin. Elle donnerait sa vie pour lui s'il le fallait. Mais elle ne supporte plus l'existence qu'il lui fait mener. Au début de leur union, elle pensait qu'avec le temps sa jalousie maladive s'estomperait. Il n'en a rien été, bien au contraire. Il ne supporte pas qu'elle fasse rire. Il déteste qu'elle parle à d'autres hommes que lui. « Je me souviens d'une fois où nous étions en déplacement avec "La Lorgnette", raconte Gérard Pabiot. Nous dînions dans un restaurant avec tout le gratin de la ville et, comme souvent, Danièle était avec nous. Avec Jacques, nous mangions au premier étage. Danièle, elle, avait été invitée en tant que comédienne à partager la table du maire au rez-de-chaussée. Jacques nous demandait à tour de rôle de descendre aux toilettes pour lui dire ce que faisait Danièle. Il nous disait avoir peur qu'elle se conduise mal ou qu'elle boive trop et raconte des bêtises. En fait, il était vraiment malheureux ce soir-là. » En un mot, Jacques la brime. Il la bride, il l'espionne, il l'épie. Et si ce n'était que cela ! Elle doit aussi partager toutes ses angoisses professionnelles. Autant dire que, du matin au soir et du soir au matin, elle tente de le rassurer, de le cajoler, de faire en sorte qu'il n'explose pas de colère. En privé, il est aux petits soins pour elle. En public, il lui arrive de la rudoyer, du moins en paroles. Ensuite, il s'excuse, jure qu'il ne le fera plus. Recommence à la moindre occasion. Un enfer conjugal qui met à bout la patience de Danièle.

« Je l'ai quitté, dit-elle. Pas pour un autre homme. Il n'y en avait pas. Je l'ai quitté pour personne ! J'ai pris un petit appartement. En partant, je n'ai rien emmené avec moi. Dans mon nouveau chez-moi, il n'y avait pas de meubles, même pas une machine à laver. Il est venu me voir plusieurs fois. Il m'a suppliée de revenir. Il me disait : "Mais regarde comment tu vis ! Tu ne peux même pas laver ton linge !" Mais moi, je m'en fichais de la machine à laver. Je ne voulais plus qu'il me crie dessus. Et ça, à la longue, j'ai compris qu'il ne pourrait jamais s'en empêcher. »

Elle dit vrai. Jacques Martin a beau aimer ceux qui l'entourent, il ne peut résister aux accès de colère qui le secouent tout entier. Pour un oui, pour un non, il crie, hurle, tempête, avant de se calmer aussi vite qu'il s'est emporté. Pour lui, alors, tout redevient normal, comme avant. Et il ne comprend pas qu'on lui tienne rancune de son attitude. Au fil du temps, il fera, à cause de ce défaut, un grand nombre de déçus parmi ses collègues et ses amis. Sans compter tous ceux qui lui tourneront le dos, et ne reviendront jamais vers lui ! Robert Lassus, Pierre Desproges, Daniel Prévost,

Philippe Couderc, Piem pour ne citer qu'eux, le quittent sur des éclats. Dans le métier, comme dans la presse, on le dit « difficile à vivre », « imprévisible », « un rien caractériel ». Quand on lui fait remarquer tout cela, il hausse les épaules. : « Crier, dit-il, c'est avoir mal ou avoir peur. Le commandant de bord gueule contre son copilote lorsque celui-ci commet une erreur au décollage ou à l'atterrissage. Je fais un métier où on n'a pas le droit ni surtout le temps de se tromper. Quand je gueule, c'est aussi contre moi-même. » Peut-être. Mais Danièle Évenou, elle, a claqué la porte. Malgré les supplications de Martin qui, pour la première fois, la demande en mariage et lui promet un troisième enfant, une « petite fille », elle ne reviendra pas. Même si, par la suite, elle restera toujours pour « son » Jacques une amie très fidèle…

12

« Martin, c'était un grand monsieur… »

(Robert Quibel)

Décembre 1980. Valéry Giscard d'Estaing s'apprête à disputer une élection présidentielle difficile, qui l'opposera à François Mitterrand. Si l'homme à la rose accède au pouvoir, comme on le pressent, les choses vont changer rapidement dans tout le pays – et aussi, bien sûr, dans le paysage audiovisuel. À la télévision comme dans les radios, on s'attend même à un véritable jeu de chaises musicales, et on prend des paris. Qui va rester ? Qui va partir ? Quoi qu'il en soit, tous sont d'accord sur un point : s'il n'en reste qu'un seul, aussi inamovible que populaire, ce sera certainement Jacques Martin.

À 47 ans en effet, l'homme est devenu une sorte de légende qui, même absente des écrans, reste présente dans le cœur des Français. Son nom est synonyme de pétulance, d'insolence, mais aussi de franche rigolade et d'intelligence. Martin a été le premier à sortir la télévision de son ronron tranquille, à bousculer les habitudes, à mettre de l'inattendu, de la satire à l'antenne. On raille son côté populiste, mais on s'ennuie quand il faut se passer de lui. Et justement, cette année encore, il s'apprête à reprendre du service sur la deuxième chaîne – tout en assurant qu'il n'est plus le même : « La vie est admirablement faite, dit-il. Plus on avance en âge, plus on se détache. On change. J'ai connu des hauts et des bas. Aujourd'hui, je sais que la télévision, ça s'apprend. C'est très long. Il faut être humble, entrer par la petite porte. Il n'y a pas de Mozart à la télé ! »

Le discours peut surprendre quand on connaît le personnage. Il est pourtant le reflet de la réalité. À force d'ambitions déçues, d'échecs plus ou moins cuisants, de rêves avortés, Jacques Martin a appris à se faire petit, au moins en apparence. Puis il est devenu philosophe – ou il fait comme si. Ainsi, quand on lui annonce que la plage horaire de son « Dimanche Martin » sera bien plus courte que celle qu'il occupe depuis plus de trois ans, il n'entre pas dans l'une de ses colères homériques qui ont fait sa notoriété dans le métier. Il compose. Il tempère : « De toute façon, je n'aurai pas un budget faramineux. Alors c'est mieux comme ça. Ce qui compte, c'est de faire passer un bon dimanche aux Français. Et ça, vous pouvez me croire, ça va être le cas ! »

Encore une fois, il dit vrai, même si, au moment où il prononce ces mots, il est loin de se douter que son contrat va être reconduit d'année en année pendant deux décennies ! Jacques Martin est à l'aube d'une réussite jamais égalée dans son domaine. Cette réussite, il ne la doit qu'à lui-même, à son talent, à son courage et sa capacité à rebondir après l'échec. Longtemps, il a été très bon. À présent, la maturité aidant, il pose sur tout ce qui l'entoure le regard aiguisé des vrais professionnels. « Le Petit Rapporteur » et « La Lorgnette » ont, en leur temps, été des émissions-phares.

Il doit faire mieux, trouver des concepts différents, bâtir en somme un après-midi du dimanche vraiment pas comme les autres. Pour cela, ce fou de cuisine a mijoté un mélange de sérieux, d'humour, d'émotion et d'émerveillement pour quelques heures de grand spectacle. Seule astuce de la recette : ne laisser aucun temps mort ! À force de réflexions et d'ingrédients savamment agencés, Jacques Martin bâtit « son » dimanche après-midi. Un véritable marathon télévisuel, qui commence en fanfare à 11 heures tapantes, l'heure à laquelle il ouvre l'antenne en descendant fièrement d'une… montgolfière !

« Entrée des artistes ». Voilà la première émission qui va égayer nos dimanches. Grâce à Jacques Martin, ce qui est en général inscrit en lettres minuscules au-dessus d'une porte dérobée à l'arrière des théâtres devient le titre d'un journal d'actualité artistique. Le cinéma, les stars, la mode, la décoration, la cuisine – David Martin y fera d'ailleurs ses premiers pas à la télévision –, la littérature, les comiques, bref, la culture dans son ensemble. À l'heure où les Français sont à la messe, quoi de mieux que des stars pour captiver le public et le confiner devant son écran ? Voilà certainement la question que s'est posée l'animateur avant de créer cette émission. Mais, après cette ouverture en apothéose, il lui faut rendre l'antenne pour l'autre grand-messe dominicale : le journal de 13 heures et son cortège de mauvaises nouvelles ! Puis vient l'heure cruelle du choix qui oppose les martinophiles et les martinophobes ! En clair, les téléspectateurs peuvent décider, qu'il pleuve ou non, de passer l'après-midi devant les séries américaines de la première chaîne ou de retrouver celui qui leur offre du spectacle et en fait rire certains. Que propose Jacques Martin pour remporter les suffrages ? « Incroyable mais vrai ! » Une suite de scoops, de tentatives de records, de paris et de reportages plus farfelus les uns que les autres. Certains se souviennent de participants tentant d'écaler un maximum d'œufs, de faire un dribble de la tête avec un ballon de foot pendant toute l'émission, de tenir en équilibre sur des lames de sabre sans se couper, ou encore de manger… une moto ! Le tout en présence d'un huissier qui délivre un certificat pour récompenser l'imprudent en cas de réussite ! Une recette efficace qui marche encore aujourd'hui, puisque TF1 a racheté le concept d'« Incroyable mais vrai » pour égayer les soirées des vacanciers adeptes de la télévision.

La culture, le rire et l'étonnement ; aux après-midi « Dimanche Martin », il ne manque plus que le rêve. Après une série américaine, choisie par l'animateur lui-même, il reprend l'antenne, infatigable, pour une troisième émission. Cette fois, maître Jacques devient animateur d'un jeu télévisé qu'il baptise d'abord « Tout le monde le sait », puis « Le monde est à vous ». Le principe est simple : trois candidats s'affrontent sur le terrain de la culture générale pour tenter de gagner un prix alléchant : une maison, une grosse cylindrée, un bateau ou encore un voyage autour du monde. Derrière leur écran, les téléspectateurs de tous âges jouent par procuration en attendant leur rendez-vous préféré : la célébrissime « École des fans », enregistrée la veille de sa diffusion au théâtre de l'Empire.

« Allez. On y va ! »

Une fois de plus, c'est parti. Jacques Martin, le micro à la main, s'apprête à entrer en scène. L'Empire bruisse de mille voix. Dans la salle aux fauteuils tendus de rouge, les spectateurs, venus de toute la France par autobus affrétés pour la circonstance, s'impatientent. Dans quelques minutes maintenant, le générique de « L'École des fans » va être lancé. Une nouvelle fois, avec eux, la France entière va s'émouvoir et se tordre de rire !

Personne n'a oublié le principe aussi simple que génial de « L'École des fans ». Sur scène, un chanteur célèbre. À ses côtés, des enfants âgés de 4 à 8 ans interprètent chacun leur tour l'un de ses titres. Parfois, l'artiste se joint à eux pour fredonner un couplet, avant que les petits ne se décernent respectivement des notes. Stéphane Collaro, le fameux « tonton mayonnaise », est supposé faire l'addition des points et désigner le gagnant. Tous seront bien sûr *ex æquo*, et recevront des cadeaux. Mais avant chaque chanson, Jacques Martin, paternaliste, questionne gentiment les bambins. Les réponses souvent étonnantes deviennent cultes tant elles sont inattendues et spontanées. Morceaux choisis :

— Qu'est-ce qu'il fait comme métier, ton papa ?

— Euh… il regarde la télé.

— Et toi, qu'est-ce que tu feras comme métier plus tard ?

— Euh… je regarderai la télé.

Ou bien :

— Alors, petite, tu as un fiancé toi aussi ?

— Oui…

— Comment il s'appelle ?

— Antoine.

— Et tu l'aimes ?

— Oui !

— Tu te marieras avec lui ?

— J'peux pas.

— Et pourquoi ?

— Parce qu'il est catholique !

Ou encore :

— Tu as des bijoux, toi ?
— Oui.
— Quoi ?
— Des boucles d'oreilles.
— C'est ta maman qui t'a percé les oreilles ?
— Oui.
— Avec quoi ? Avec une fourchette ?
— Oui...

Un autre enfant, très sérieux, ordonne à Jacques Martin d'arrêter de « lui cracher dessus ». Un cinquième fait pipi dans sa culotte... et sur ses chaussures neuves. Un sixième explique « qu'il est venu avec son tonton, qui va dans le lit de maman quand papa est au restaurant ». On imagine l'ambiance ! Dans la salle, les parents des petits candidats, évidemment présents, hésitent entre émotion, rire et fierté légitime. Robert Quibel, le chef d'orchestre de Jacques Martin, se souvient que le secret de la réussite de cette émission reposait entièrement sur leur casting. Dans la semaine qui précédait l'enregistrement, les enfants de « L'École des fans » étaient reçus un à un par la production. Des dizaines de bambins à demi paralysés par le trac poussaient la chansonnette au cours d'auditions parfois longues et fastidieuses, accompagnés vaillamment par un pianiste maison...

« Le pire, dit Robert Quibel, c'est que bien sûr on ne sélectionnait pas forcément ceux qui chantaient le mieux, mais ceux qui racontaient des blagues. Comme ça, on était à peu près sûr qu'il y aurait de l'animation sur le plateau. Mais, bien sûr, il y avait parfois des couacs au niveau musical. Jacques, qui ne rencontrait jamais les enfants avant l'enregistrement, levait alors les bras au ciel, et s'écriait : “Mon pauvre petit – ou, variante, ma pauvre petite ! –, tout ça, c'est la faute du pianiste. Hein ! il est méchant le pianiste !" » Devant leurs postes, les téléspectateurs fondent. Très rapidement, « L'École des fans » trouve son public. Dix millions de Français, âgés de 7 à 77 ans, qui, pour rien au monde, ne rateraient l'une de ses diffusions. Du coup, plus question de sortir le dimanche après-midi. On reste devant son poste pour assister au spectacle, car c'en est un. Sur scène, au fil des années, un Jacques Martin à la silhouette tantôt svelte tantôt rebondie joue les « monsieur Loyal ». Même si on est loin du « Petit Rapporteur » et de son côté caustique, il sait, avec délicatesse, exploiter tout le comique de la situation. Une première. Les stars invitées, quant à elles, sont ravies de participer à ce rendez-vous. Au fil des dimanches, elles défilent une à une. Chantal Goya, Enrico Macias, Sheila, Michel Sardou, Nana Mouskouri – qu'un gamin qualifiera de « pas belle » sous des hurlements de rire, ceux de l'artiste y compris…

Reste une question, la plus importante peut-être : qu'est-ce qui a donné à Jacques Martin l'idée de faire monter des enfants sur scène ? Le souvenir de ses propres rêves d'écolier ? Le regard porté sur ses fils et sa fille, qui commencent à grandir et qu'il ne voit pas assez ? Ou bien, tout simplement, la certitude que « L'École des fans » est assurée de faire de l'audience ? Quoi qu'il en soit, l'émission a enchanté deux générations de téléspectateurs, et révélé quelques talents, dont celui de Vanessa Paradis, venue à 7 ans y chanter *Émilie Jolie*. L'émission est un triomphe ! Un succès agaçant pour la presse, qui reproche à l'animateur de donner un peu dans le « patronage », et de « faire son beurre » avec des enfants. Une attaque supplémentaire qui n'effraie pas Jacques Martin : « On peut toujours rire des familles entières qui ont investi dans ce moment, réplique-t-il. Mais vous n'imaginez pas combien de coups de fil pleuvent des ministres afin que leurs enfants passent. Je suis sérieusement peiné quand on m'accuse de faire du fric sur le dos des enfants. Je n'ai jamais lancé une ligne de vêtements ou de jouets, moi. Ni ouvert un Martinpolis. » Et d'ajouter : « Après les questions rituelles et obligatoires aux enfants, il arrive que l'un d'eux nous embarque dans ce paradis d'enfance que nous regrettons tous éternellement. Et les adultes sont émerveillés, avec des airs envieux pour ce paradis dont ils ne feront plus partie. »

Le paradis de l'enfance, on le sait, il l'a très peu connu. Mais, à ce stade de sa vie et de sa carrière, il en semble moins désespéré. Sans doute aurait-il voulu être à la place de l'un ou l'autre de ces enfants qu'il met sur scène. Peut-être aurait-il aimé pleurer « parce qu'[il était] heureux », comme ce garçonnet blond qui fond en larmes lorsque l'animateur lui tend le micro. Mais ce qui est sûr, c'est qu'il prend un incroyable plaisir à présenter « L'École des fans ». Qui aurait cru qu'un homme si colérique, si autoritaire puisse se transformer en un papa gâteau prêt à sécher toutes les larmes ? Face à un enfant, petit garçon ou petite fille, Jacques Martin a toutes les délicatesses, toutes les patiences. De quoi ébahir son public, mais surtout ses proches qui ont du mal à le reconnaître…

C'est ainsi que, dimanche après dimanche, la matinée puis l'après-midi s'écoulent. En fin de journée vient – enfin ! – le moment du dernier générique. Celui de « Thé dansant ». Le nom, à lui seul, est tout un programme. Il évoque l'atmosphère délicieusement désuète d'un salon aux meubles rococo dans lequel de jolies femmes en robe surannée porteraient à leurs lèvres une tasse de porcelaine emplie d'un liquide fumant. De fait, après les rires, les jeux et l'émotion, Jacques Martin, vêtu d'un smoking noir avec nœud papillon assorti, offre à son public une dernière séquence rétro, à base de bal musette, de tango et même de musique classique au cours de laquelle, audimat oblige, il reçoit une personnalité du monde des arts, de la musique ou des médias. « Une spectatrice m'a remercié "de lui faire entendre de la musique de riches". De toute façon, elle serait pauvre, j'en passerais quand même. J'adore ça et les téléspectateurs aussi », rappelait Jacques Martin, fier de saupoudrer un peu de ses passions personnelles dans chacun de ses programmes.

Si préparer des émissions de télévision est harassant, on peut ajouter que le travail est encore plus délicat lorsqu'elles sont musicales. Pour le téléspectateur qui regarde « Dimanche Martin », tout semble aller de soi : les orchestrations, les mélodies, les enchaînements. Quant à Jacques Martin, il est des plus naturels quoi qu'il fasse : présenter ses invités, commenter des gags, s'extasier devant des faits incroyables, discuter avec les enfants de « L'École des fans », complimenter leurs parents assis dans la salle ou encore chanter lui-même de la variété ou du classique. Mais qu'on ne s'y trompe pas : derrière l'apparente facilité se cachent un labeur épuisant, quelques belles engueulades, et bien entendu un stress constant. Autant dire que les nerfs de Robert Quibel, qui gère toute la partie musicale des émissions, sont mis à rude épreuve ! Aujourd'hui encore, lorsqu'il parle de cette époque, on sent qu'il a vécu des heures exaltantes mais ô combien difficiles :

« Il y avait tellement de boulot ! se souvient-il. On devait mettre en musique cinq émissions très différentes les unes des autres, et tout ça sans la moindre fausse note ! »

Pour y parvenir, il faut de l'intelligence, du talent et de la méthode, trois qualités que Robert Quibel possède heureusement ! Il gère donc les choses de *A* à *Z,* à commencer par l'orchestration elle-même. D'abord, il faut trouver les partitions des chansons qui seront reprises dans les différentes émissions, avant de les faire recopier une à une pour chaque instrument, car à l'époque, il n'y a pas d'informatique, tout se fait au crayon à papier. On imagine le travail de titan que cela représente. Ensuite, le chef d'orchestre doit récupérer les disques originaux pour que ses musiciens jouent dans le même tempo, si possible. Le choix des musiques. Les partitions à recopier. L'écriture des musiques originales. La gestion des auditions, et de la trentaine de membres des différents orchestres – celui de « L'École des fans », mais aussi de « Thé dansant » – les conducteurs musicaux des émissions. Tout cela représente déjà une somme de travail colossale. Mais ce n'est rien au regard du plus important : gérer le grand, l'incroyable, le talentueux, mais aussi le très capricieux Jacques Martin !

1982. « Dimanche Martin » tourne à plein régime depuis deux ans. Près de 40 % de téléspectateurs sont rivés à leur poste chaque dimanche quand arrive le générique de « L'École des fans ». Et l'ego de son animateur, il faut bien le dire, est à la mesure de l'audimat. Jeune, Jacques Martin avait déjà parfois un peu de mal à se remettre en question. À l'époque du « Petit Rapporteur », on le disait un rien tyrannique. Alors qu'il approche de la cinquantaine, travailler à ses côtés devient parfois très difficile.

« Jacques était très talentueux, dit Robert Quibel. Mais ce n'était pas un chanteur professionnel. Il faisait tout à l'"impro", si je puis m'exprimer ainsi. C'est tout juste s'il venait répéter une fois ses chansons, et la veille de l'enregistrement, encore ! Le plus souvent, c'était très bien. Parfois, il y avait quelques "couacs". Mais évidemment, ce n'était jamais sa faute. Toujours celle de l'orchestre. Il se tournait vers nous et il nous criait : "Mais enfin, qu'est-ce que vous foutez ! Si ça continue, je vais me passer d'orchestre. Je vais prendre une bande-son !" En plus, il n'était pas question de lui donner des conseils, qu'il écoutait d'une oreille et oubliait dans la seconde. Et pas question de répéter. Il se serait fâché tout rouge. »

Autant le dire, Quibel, pas plus que les autres, n'aime affronter les colères de Jacques Martin. Quand il se met en rage, il écume, hurle, tape du pied, et ce pendant de longues, très longues minutes. Pas question de lui adresser la parole : le moindre mot fait redoubler sa rage. Alors tous attendent que l'orage passe. Mais parfois, il va trop loin.

« Un jour, explique Robert Quibel, j'ai pris la porte sur un coup de tête. Il s'est dit : "Tant pis, il reviendra." Mais je ne suis pas revenu, justement. Alors il a fait le siège pendant un mois. Il m'appelait matin, midi et soir. Moi, je refusais de lui parler. Quand il a compris que je ne céderais pas, il s'est mis à m'écrire. C'est comme ça qu'on a renoué le contact. Par lettres ! Pour finir, je suis revenu, et notre brouille a même raffermi nos liens. Martin, c'était un grand monsieur. Il avait besoin de passes d'armes de temps en temps. Je dirais même qu'il ne savait pas vivre sans conflits… »

Des conflits, Jacques Martin en a avec tout le monde. Ses techniciens. Ses journalistes. Les médias. La presse nationale ou régionale. Du coup, on lui consacre moins d'articles. On le met en cause, parfois avec une certaine virulence. Ainsi lui fait-on remarquer que certaines séquences d'« Incroyable mais vrai » ne sont pas si incroyables que ça. Car enfin, fabriquer une pièce montée de douze mètres de haut, ou cuisiner une omelette de mille œufs, ce n'est tout de même pas, du moins aux yeux de certains journalistes, si difficile. Pourquoi Jacques Martin ne va-t-il pas plus loin ? Après tout, « That's Incredible », l'équivalent américain de son émission, est bien plus audacieux ! Comme toujours, il doit répondre aux attaques : « Je pense qu'aucune cause ne vaut qu'on meure pour elle, réplique-t-il. Or, une vingtaine de personnes sont mortes en tournant des sujets pour ce show ! J'ai refusé une séquence où l'on voyait un homme tirer à balle réelle dans la bouche de son partenaire, qui avait pour l'occasion fait poser une voûte de plomb au fond de son palais. J'ai également récusé un film d'origine chinoise qui montrait comment on avait opéré un homme à deux têtes. Je l'ai fait parce que, compte tenu de mon niveau d'audience, je suis comptable d'une partie de la population ! »

Une vraie leçon de morale ? Peut-être. Mais elle est tout à l'honneur de l'animateur. Jacques Martin a beau être talonné par l'audimat, il n'en garde pas moins certains principes, disons paternalistes. Et, s'il fait chanter des enfants, il refuse d'admettre qu'il se sert purement et simplement d'eux comme de petits singes savants. Un reproche qu'il entend souvent et qui l'exaspère : « "L'École des fans", assure-t-il, un rien provocateur, est devenue l'un des derniers refuges de la liberté d'expression totale. Pourquoi les adultes en rient-ils ? Parce que les enfants disent des choses qu'eux-mêmes, parce qu'ils se contrôlent, se surveillent, n'ont plus le droit de dire ! Les adultes sont conditionnés par des réponses types à des questions types. Ce qu'il y a de merveilleux avec les enfants, c'est qu'ils sont spontanés, imprévisibles... Nous ne faisons jamais passer un enfant contre sa volonté. De toutes les émissions qui leur sont destinées, "L'École des fans" est la seule où eux-mêmes font l'émission, pas les adultes. En vérité, cette émission, je la préférerais sans public ! »

Vrai ? Faux ? Quoi qu'il en soit, si Martin fait de l'audience, il ne fait plus l'unanimité. Certains détestent la façon dont il use des superlatifs, sa voix onctueuse, son éternel sourire parfois un rien crispé. D'autres – et il faut reconnaître qu'ils sont nombreux – continuent de l'aduler. Les plus assidus font la queue pendant des heures devant le théâtre de l'Empire plusieurs semaines de suite. On raconte même qu'un couple, qui se serait rencontré dans les allées de l'Empire, aurait eu deux enfants et continuerait chaque semaine, par tous les temps, à parcourir deux cents kilomètres pour assister à l'émission. La légende veut aussi que ce couple, en cas d'empêchement, téléphone à la production pour s'excuser d'avoir raté « son » rendez-vous !

Ces deux-là seraient encore plus fans sans doute s'ils savaient que Jacques Martin n'est pas seulement un animateur talentueux, mais qu'il a aussi, en dépit de son (très) mauvais caractère, un cœur « gros comme ça »...

En effet, cette même année, à la veille de la Noël, dans un hôpital de la proche banlieue parisienne, comme partout ailleurs, on s'apprête à fêter la Nativité. En dépit des dessins peints aux fenêtres et des petits sapins décorés de boules et de guirlandes multicolores, les enfants handicapés qui peuplent les chambres ont des visages tristes. Noël, pour eux, ce n'est pas une fête, mais un crève-cœur supplémentaire. Surtout quand personne ne se déplace pour venir les embrasser. Personne ? Si. Une petite troupe d'hommes et de femmes arrive, bras dessus, bras dessous. En tête, Jacques Martin. Derrière lui, les chanteurs Carlos, Hervé Vilard et Jane Birkin. Quatre joyeux drilles qui, l'espace de quelques heures, vont amener une gaieté inattendue dans le service des enfants malades. Jacques Martin s'approche de chacun, lui parle, l'embrasse, dépose sur son lit un petit cadeau. Devant les gosses rassemblés, il chante, joue la pantomime, se livre à ses facéties habituelles. Son petit public applaudit à tout rompre. Carlos pousse de la voix lui aussi. Hervé Vilard s'attendrit. Jane Birkin prend des nouvelles de chaque gosse auprès du personnel. Quand vient le moment du départ, tous promettent de revenir très vite... Ils tiendront parole. Jacques Martin songera même à faire une « École des fans » avec ces petits malades : « Ces mômes nous donnent à tous une leçon de courage et d'espoir, dira-t-il. Il faut les montrer. Je le ferai ! »

Pourtant, il renoncera à son idée, par crainte que « cette leçon se transforme en spectacle ». Cela ne l'empêchera pas de continuer, en toute discrétion, à rendre visite à ses petits protégés en compagnie de ses amis du show-biz. Sans doute, à leur chevet, se souvient-il du petit garçon qu'il était. Un gamin malheureux et solitaire comme eux. Un exclu qui, malgré la psychanalyse, ne s'est jamais vraiment remis de son enfance.

13

« Mais comment voulez-vous que réagisse une femme lorsque son mari reçoit des fleurs, des attentions... Elle a l'impression d'être trompée par une autre femme. »

(Jacques Martin, 1995)

La gloire. La notoriété. Un superbe appartement. Des amis fidèles. Quatre beaux enfants. En ce mois d'avril 1983, Jacques Martin a tout cela. Il devrait être heureux. Pourtant, depuis le départ de Danièle Évenou, il lui semble que le bonheur lui est désormais interdit. Avec l'échec de leur relation, quelque chose en lui s'est cassé. Danièle, il l'a follement aimée, d'un amour plus mature que celui qu'il a porté à Annie, puis à Marion Game. Elle était son amante, mais aussi sa complice sur le plan professionnel. Il avait confiance en son jugement, lui demandait conseil, regimbait, pour finalement toujours se ranger à son avis. Aujourd'hui, à qui peut-il se fier comme il se fiait à elle ? Elle mettait de la joie dans sa vie. Danièle, c'était un tourbillon de rire, de gaieté, de fantaisie. Et belle avec ça. Si belle qu'il en avait parfois le souffle coupé. Après son départ, il a longtemps espéré qu'elle lui reviendrait. Il est allé la voir dix fois, cent fois. À chaque reprise, il a tenté de la persuader de reprendre leur vie commune. Mais Danièle a toujours refusé. Elle est têtue. Il l'aime pour ça. Il la déteste pour ça aussi. N'empêche. Chez lui, son visage est encore sur tous les murs, sur tous les meubles. Danièle, mutine, lors de ses débuts au théâtre. Danièle qui lui sourit avec une sorte d'adoration au fond des prunelles. Danièle portant Frédéric et Jean-Baptiste dans ses bras. Danièle à Tahiti, couronne de fleurs dans les cheveux, rieuse et bronzée. Quand il regarde ces clichés, ou qu'il feuillette l'album de famille qu'ils ont constitué ensemble, Jacques Martin se dit qu'il a été fou de laisser échapper celle qu'il aimait tant. Fou, aussi, de provoquer l'éclatement de la famille qu'ils avaient construite. Désormais, il se retrouve seul et il déteste ça. Adolescent, il rêvait déjà d'un foyer heureux, plein de rires et d'enfants. Il imaginait les Noëls, les anniversaires, les vacances. Il se voyait en patriarche entouré d'une nuée de gamins levant vers lui des yeux aimants. Au lieu de quoi il a le mal d'amour malgré les femmes qui partagent ses nuits, et qu'il ne retient pas au petit matin.

Bien sûr, il y a ses enfants. David, qui devient un homme et qui marche lentement sur ses traces. Élise la discrète, qui l'aime d'un amour tendre et qui le lui dit en poèmes. Elle écrit :

Il paraît seul, mais pourtant il a quatre enfants
Il semble venu d'un monde très étonnant
Il est passionné par la musique et les livres
La découverte de l'être humain le rend ivre
Mais nul ne peut dire qu'il le connaît vraiment
Il a bâti son univers tout simplement
Quand son métier l'ennuie, ses idéaux sont là
Mais est-il sûr d'être heureux de cette vie-là ?

Il y a aussi Frédéric et Jean-Baptiste, encore petits, mais qui le ravissent chaque fois qu'il les voit. Mais, s'il aime tendrement ses enfants, cet amour-là n'est pas suffisant pour emplir sa vie. Comme jadis, avant d'entamer sa psychanalyse, il déprime. Lui le gourmand, l'épicurien, n'a plus de goût à rien. Paris, si beau avec ses arbres fleuris, ne l'éblouit plus. Il marche sur les trottoirs sans remarquer la fragrance sucrée de l'air, oublie de regarder les jambes nues des filles, traîne partout où il va d'un air bougon. Et lorsque, en ce début de soirée, il sort à grandes enjambées des studios de RTL où il vient d'enregistrer « Les Grosses têtes » – car, malgré un agenda plein à craquer, il trouve encore le temps de faire de la radio –, lui si coquet d'ordinaire n'est pas rasé et a des cernes sous les yeux. Tant pis. Il ira quand même dîner dans le restaurant de la rue Quentin-Beauchard, où il a rendez-vous avec l'aîné de ses fils et sa petite amie.

Le lieu, à l'enseigne de la Maison du caviar, est à la fois chic et sobre, feutré et convivial. En habitué, Jacques Martin y déguste un béluga accompagné d'un bon vin, tout en bavardant avec David et son amie. De quoi discutent-ils ? De cuisine, peut-être. Ou bien de ce stage fait par David chez Troisgros. Jacques Martin l'a un peu « pistonné », c'est vrai, mais il a aussi demandé à son ami cuisinier de ne pas privilégier son fils. Il doit être debout à 6 heures, comme les autres marmitons. Sinon, Martin l'exige, il faut « le lever à coups de pied au cul ». Quand on connaît le mal qu'il a parfois, lui-même, à se tirer du lit, c'est plutôt cocasse… Quoi qu'il en soit, tout en devisant, Jacques Martin salue d'un geste de tête sa voisine de gauche. Elle s'appelle Catherine. Il la connaît bien et n'est pas surpris de la voir là, c'est une habituée, elle aussi. Face à elle, une très jolie fille brune aux pommettes hautes et aux yeux de chat, qu'il salue elle aussi. Jacques Martin vient de rencontrer Cécilia Ciganer-Albéniz, celle qui sera, un jour, une éphémère première dame de France.

Retour en arrière. Nous sommes le 12 novembre 1957. Il est 23 h 55. Dans une clinique huppée de la région parisienne, Cécilia Ciganer-Albéniz pousse son premier cri. La fillette est le quatrième enfant d'un couple à la fois tourmenté et romantique. Son père, André Ciganer, aurait fui la Russie après que les « rouges » eurent massacré tous ses proches. Sa mère, Térésina Albéniz de Swert, est la petite-fille du célèbre compositeur Isaac Albéniz, que d'aucuns comparent à Mozart. Ils ont déjà trois fils : Patrick, Christian et Yvan. C'est dire si la naissance d'une petite fille les comble… Malheureusement, André et Térésina apprennent que quelque chose ne va pas. La peau de leur bébé est trop rouge. Ses lèvres, trop bleues. Son cœur bat régulièrement, mais fait entendre un souffle tout à fait anormal…

Très vite, le diagnostic est posé : Cécilia souffre d'une malformation du cœur, qui nécessitera un jour une intervention chirurgicale. En attendant, elle doit grandir sous haute surveillance. Pour elle, ni jeux brutaux ni courses folles. Des antibiotiques à la moindre grippe, au moindre rhume. Des examens médicaux fréquents. De quoi gâcher, au moins en partie, une enfance qui, pour le reste, paraît heureuse. Cécilia, joliment surnommée par sa famille « Miroshchka », fréquente l'institut de l'Assomption, école très bon chic bon genre du XVIe arrondissement de Paris. L'été, elle passe une partie de ses vacances dans la propriété de sa grand-mère, au Pays basque. Le week-end, elle gagne avec le reste de la famille une maison de campagne située dans les Yvelines. Une belle demeure qu'utilisera Claude Chabrol pour tourner *L'Œil du Malin*. Cécilia y joue les figurantes, l'espace de quelques secondes, alors qu'elle poursuit un ballon. Mais jamais, même au contact du grand cinéaste, elle ne songe à devenir actrice. Et si elle apprend le piano avec assiduité, elle sait qu'elle ne sera jamais concertiste parce qu'elle « aime trop la musique pour l'abîmer », comme elle le confiera plus tard. Puis, de toute façon, pour le moment au moins, l'avenir semble obstrué pour elle. À 13 ans, elle doit en effet subir une opération à cœur ouvert. C'est le professeur Charles Dubost, pionnier de la chirurgie cardiaque, qui va la pratiquer à l'hôpital Broussais.

Tous ceux qui ont connu Cécilia à cette époque sont d'accord. Passé les difficiles semaines de l'hospitalisation et de la convalescence, l'adolescente ressent très vite les bienfaits de l'intervention. En quelques semaines, elle grandit, grossit. Elle embellit aussi, même si elle reste timide et empruntée. Elle peut, enfin, vivre comme toutes les jeunes filles de son âge ! Cécilia sort. Elle se fait de vraies amies. À 17 ans, elle obtient son bac avec mention « assez bien », avant de s'inscrire à la faculté de droit de la rue d'Assas. C'est là qu'elle rencontre son premier amour, l'un des héritiers du prestigieux Fouquet's. La romance tourne court, tout comme celle qui suit, avec le joueur de polo Jean-Luc Chartier. Quelques années plus tard, elle croit, enfin, avoir rencontré l'homme de sa vie en la personne du photographe de mode Jean-Daniel Lorieux. C'est un échec. Un de plus. Plus cuisant que les autres encore, puisqu'il la quitte à quelques jours seulement de leurs noces. En ce mois d'avril 1993, Cécilia Ciganer-Albéniz est encore sous le choc de cette rupture. Pour se distraire de son chagrin, elle a accepté de sortir en compagnie de son amie Catherine. Les deux jeunes femmes sont allées au cinéma, pour voir *Officier et Gentleman*, avec Richard Gere. Elles ont ensuite décidé de dîner à la Maison du caviar, où elles se sont attablées juste à côté de Jacques Martin.

Qu'est-ce qui attire deux êtres l'un vers l'autre ? Pourquoi, parfois, tombe-t-on amoureux au premier coup d'œil ? Est-ce, comme le prétend la scientifique Lucy Vincent, une simple affaire de phéromones ? Ce qui est sûr, en tout cas, c'est que pour la première fois depuis des semaines, pour ne pas dire des mois, l'animateur trouve une femme à son goût. Plus encore : il a furieusement envie de faire sa connaissance. Pour cela il engage la conversation avec leur amie commune, Catherine. Oubliant son chagrin d'amour, il redevient même le Jacques Martin épicurien et drôle, cultivé et flatteur que toutes les femmes aiment. Littérature, théâtre, cinéma, il disserte sur tout, fait des bons mots, sourit, multiplie les délicatesses. Pour dire toute la vérité, il fascine à ce point la jeune Cécilia que celle-ci confiera plus tard à l'une de ses amies qu'elle n'avait jusque-là jamais « rencontré d'homme aussi brillant ». Rien d'étonnant, alors, qu'elle accepte de souper dès le lendemain soir chez lui, en compagnie de Catherine…

Potage aux truffes à la Bocuse, poularde de Bresse, écrevisses à la nage, tarte Tatin. Tel est le menu que Jacques Martin concocte pour son premier dîner avec Cécilia. Il se montre pour sa jeune invitée le meilleur des hôtes. Face à lui, Cécilia déguste les plats, rit aux éclats à chacun de ses bons mots. Dans les jours qui suivent, ravie, elle appelle toutes ses amies pour leur dire qu'elle a croisé la route de Jacques Martin. Comme le rapportent Denis Demonpion et Laurent Léger[1], elle leur confie aussi qu'elle est tombée amoureuse de l'« homme le plus célèbre de France ».

« Elle est belle. Mais surtout, elle a quelque chose qui m'émeut. Une façon différente de voir la vie », dit de son côté Jacques Martin, le sourire retrouvé. Quelques semaines ont passé, depuis sa première rencontre avec Cécilia Ciganer. L'été pointe doucement dans Paris. Assis à une terrasse en compagnie de l'un de ses amis, l'animateur parle de son nouvel amour : « Tu comprends, lui dit-il, quand je l'ai rencontrée, je me noyais, j'étais noyé. Pas vraiment un cadeau. Et brutalement, je me suis mis à exulter à l'idée de lui montrer qui j'étais ! »

De fait, pour garder Cécilia, Jacques Martin se surpasse. L'arrière-grand-père de la jeune femme est un grand compositeur ? Il étudie ses œuvres, sa vie, multiplie les conversations le concernant. Sans oublier de narrer avec le brio qu'on lui connaît l'histoire de la grande musique et de l'inviter à l'opéra. Les spectacles sont suivis de dîners fins arrosés de grands vins, au cours desquels il peut tout à loisir parler cuisine avant d'aller boire un dernier verre chez Castel. Le week-end, il emmène Cécilia à Vienne pour un concert de Wagner, ou sur la Côte d'Azur. Partout, il la couvre de cadeaux, d'attentions, de douceurs. Elle est pour lui, assure-t-il, l'égale des plus grandes amoureuses : Chimène, Phèdre, Iphigénie. Il lui récite des vers de Racine ou de Baudelaire, lui lit Stendhal, l'entraîne dans des boutiques d'art. Puis, d'un coup, change de registre et entreprend de la faire rire aux éclats. Bref,

1. *Cécilia, la Face cachée de l'ex-première dame,* Pygmalion, 2008.

il se montre à la fois doux et intelligent, attentionné et cultivé, empressé et facétieux, sans oublier bien sûr de la présenter à ses amis du show-business, et Dieu sait qu'à cette époque il n'en manque pas ! Face à tant d'amour et d'empressement, Cécilia vit sur un nuage. Dans un premier temps du moins, elle laisse à Jacques Martin le plaisir de jouer les Pygmalion !

« À cette époque, dira-t-elle plus tard à un journaliste de *VSD,* je n'avais pas confiance en moi, j'étais mal à l'aise. » Quoi de plus rassurant, dans ces conditions, que de se laisser guider, materner, aider, quoi de plus simple que de se reposer entièrement sur l'épaule amie et aimante de l'homme de sa vie ? Face à Jacques Martin, Cécilia se fait douce, tendre, silencieuse. Elle le regarde. Elle l'admire. Bien sûr, il est bien plus âgé qu'elle ; évidemment, il est déjà père de quatre enfants. Mais rien de tout cela ne suffit à dissiper le sentiment de plénitude qu'elle éprouve à ses côtés. D'ailleurs, ils se quittent de moins en moins. Elle a donné congé de son petit appartement de la rue de Sfax pour emménager dans l'appartement de trois cents mètres carrés qu'a acheté Jacques Martin rue de Madrid, à Neuilly. Et elle fait même quelques apparitions au théâtre de l'Empire, où on la trouve bien plus discrète que la bouillante Danièle Évenou.

« Elle était encore très jeune, dit Robert Quibel, elle restait dans l'ombre de Jacques. Lui, visiblement, était très amoureux d'elle. Il ne la quittait pas d'une semelle… »

22 juin 1983. Aujourd'hui, Jacques Martin a 50 ans. 50 ans ! Lui-même n'en revient pas. Son enfance et son adolescence ont été un long et difficile tunnel. Mais, depuis qu'il a quitté Lyon pour conquérir la

France, le temps a passé si vite ! Il lui semble avoir été engagé la veille à Radio-Strasbourg. Jacques Martin est toujours aussi dynamique. Il ne semble pas sentir la fatigue. Mais quelques rides marquent son visage, et son goût pour la bonne chère lui a fait prendre plusieurs kilos. Heureusement, aux côtés de sa nouvelle compagne, il retrouve une jeunesse. Il n'est même pas déprimé, comme cela pourrait être le cas, à l'idée de fêter son anniversaire. Bien au contraire, il a décidé de souffler ses cinquante bougies avec le sourire, en compagnie de son ami Robert Quibel, dont l'épouse, hasard incroyable, est née le même jour et la même année que lui. « C'était une petite fête très réussie, raconte Robert Quibel. David et Élise avaient préparé le repas. Je me souviens qu'il y avait du bar et une couronne d'agneau. On était tous très gais. Et on était heureux que Jacques soit sorti de sa déprime… »

Six mois plus tard, le 18 décembre 1983, Cécilia, les cheveux lâchés, joliment vêtue de blanc, joue les sommeliers pour le photographe de *Télé 7 Jours*. Avec un sourire radieux, elle verse un grand cru dans le verre d'un Jacques Martin aux anges. À côté de lui, Élise paraît elle aussi très heureuse. Légende de la photo : « Élise, sa fille, et Cécilia Ciganer, sa fiancée, excellentes cuisinières, savent préparer à Jacques Martin ses plats préférés. »

À en croire la presse, l'animateur nage dans le bonheur, à un détail près : malgré son immense succès télévisuel, il se sent toujours aussi incompris.

« Pas du grand public ! dit-il. Il n'a jamais été aussi nombreux à suivre mes émissions dominicales. Mais d'une certaine élite parisienne, l'"intelligentsia". Cocteau disait : "En France, on a du talent ou on a du succès." Pour ces gens-là, puisque j'ai du succès, c'est donc que je n'ai pas de talent ! »

Le constat est amer. Mais Jacques Martin l'étaye : « Il y a comme un malentendu, dit-il. À son époque, et à un tout autre niveau, Molière était considéré comme un bateleur par l'intelligentsia. J'ai récemment écrit dans un quotidien un article sérieux sur l'affaire Dreyfus, inspiré du livre de Jean-Denis Bredin. Et certains de s'étonner : c'est le Jacques Martin de la télé qui a écrit ce truc-là ? Je préférerais qu'on ne choisisse pas systématiquement mon nom quand on cherche un comparatif à la médiocrité ! »

On l'aura compris. Malgré son amour pour sa toute jeune compagne, malgré le succès de ses émissions, Jacques Martin reste un écorché vif qui regrette, toujours, qu'on ne l'estime pas à sa juste valeur. Car enfin, à 50 ans, il a prouvé, et largement, qu'il n'était pas qu'un comique. Il a derrière lui des expériences théâtrales et cinématographiques réussies. Il songe à monter un opéra. Sans compter les trois livres et les quatre pièces qu'il a mis en chantier ! Un jour, il en est certain, il écrira enfin ce livre commandé par l'un de ses amis éditeurs, sur l'arrivisme, un sujet qu'il connaît tout de même assez bien. Pour le moment, il continue à la télé. D'ailleurs, comment arrêterait-il ? L'année dernière, quand il s'est cassé la jambe et a dû jeter l'éponge pendant un long mois, l'audience de « Dimanche Martin » a brutalement chuté. Si, comme toujours, il rêve d'horizons différents, il sait qu'il doit continuer. Pour son public d'abord, pour la jeune femme qui partage sa vie ensuite. Il veut lui apporter de l'amour et du bonheur, même si, une fois encore, le cours de sa vie doit être bouleversé.

14

« Je suis un Pygmalion.
Il n'y a rien de mieux dans l'existence
que d'être le guide de la personne qu'on aime. »

(Jacques Martin)

Mars 1984. Jacques Martin est partagé entre malheur et bonheur. Malheur parce qu'après une longue et éprouvante maladie, sa mère, Germaine Ducerf, vient de mourir. Elle l'a abandonné, du moins le croyait-il, quand il était enfant. Longtemps, il lui en a voulu. Refusant de la voir, de lui parler. Mais, avec le temps, les pires souvenirs s'estompent, les plus grands ressentiments s'apaisent. Voilà déjà plusieurs années que l'animateur a fait l'effort de retourner à Lyon, dans la maison de sa jeunesse. Il a tenté de nouer le dialogue avec la femme qui lui a tant manqué lorsqu'il était petit. Dire que ces deux-là se sont complètement réconciliés n'est sans doute pas tout à fait vrai. Mais, peu à peu, ils ont tout de même réussi à se frôler du regard, de la voix, du geste, et à renouer, au moins en partie, le fil jadis brisé. Alors, quand Germaine est tombée malade, Jacques s'est précipité à son chevet. Les jours et les semaines qui ont suivi, il a vécu par procuration le mal qui la frappait.

« J'étais à ce point perturbé, dira-t-il, que la nuit, je poussais les mêmes cris qu'elle, je souffrais de ce qui lui faisait mal. »

Sans doute aurait-il aimé rester près d'elle jusqu'à ses derniers instants. Peut-être aurait-il voulu tenir sa main et recueillir son dernier souffle. Mais la télévision est une maîtresse exigeante.

Comment se dérober, comment déléguer, comment s'arrêter quand on a la responsabilité de tout un après-midi d'antenne ? Écriture, enregistrements, montages, le rythme est infernal. C'est tout juste si l'on peut voler quelques minutes pour téléphoner entre deux rendez-vous, deux réunions, deux prises de décision. Professionnel jusqu'au bout, Jacques Martin n'a pas posé le collier. Mieux encore : il a fait comme si de rien n'était. Il s'est montré tout aussi pointilleux, rigoureux, exigeant avec les autres comme avec lui-même que s'il n'avait aucun souci en tête. Il a offert aux téléspectateurs le même visage souriant qu'à l'ordinaire. Un masque tellement au point que ceux qui le connaissaient devinaient à peine, à un frémissement imperceptible de ses lèvres, à sa voix un rien cassée, que quelque chose n'allait pas. Mais, un samedi, quelqu'un lui a tendu le téléphone. À l'autre bout du fil, une voix a murmuré : « C'est fini. »

Le lendemain, Jacques Martin est à Genève, où il doit enregistrer son émission en direct. Sans doute a-t-il passé une nuit blanche à faire défiler, un à un pendant des heures, les moments heureux vécus avec sa mère. Comment ne pas se souvenir de chacun d'entre eux ? Ils étaient si rares, après tout. Peut-être, cette nuit-là, s'est-il efforcé de sentir encore l'odeur de son parfum, la douceur de sa main quand elle hasardait une caresse sur sa joue, le son de sa voix quand elle l'appelait. Il a aussi le souvenir de ces après-midi à l'opéra qui lui ont donné le goût de la musique. A-t-il pleuré cette nuit-là ou bien, au contraire, a-t-il serré les dents pour ne pas montrer sa peine, comme lorsqu'il était enfant ? Cela, personne n'en sait rien. Mais ce qui est sûr c'est que, lorsqu'il arrive sur le plateau, les traits un rien tirés, il affiche son sourire et sa bonne humeur habituels. Car Jacques Martin est de la race des grands comédiens. Ceux qui font passer leur public avant tout le reste et qui, même le cœur déchiré, continuent de jouer la comédie...

Plus tard, comme pour exorciser son chagrin, il enregistrera un disque de douze chansons que lui chantait jadis sa maman. Parmi elles, *La Complainte de Mandrin* et *Envoi de fleurs*. Une manière, sans doute, de la retenir encore un peu. « Elle est partie si vite, dira-t-il. Il me semblait qu'elle allait vivre encore cent ans. Mais la mort a frappé, indifférente. Ma mère détestait les chrysanthèmes, alors je lui ai offert ce bouquet de chansons. »

Sans doute Germaine Ducerf ne pouvait-elle rêver plus beau cadeau, même si la mort, venue trop vite, l'a empêchée de voir son fils sur les planches du théâtre Marigny, où, en ce mois d'avril, il joue le rôle d'un cardinal dans *J'y suis, j'y reste,* la pièce de Jean Valmy. Mais, surtout, elle ne connaîtra pas l'enfant que Cécilia porte. Car c'est cela, le nouveau bonheur de Jacques Martin : un bébé qui doit naître au mois d'août, dont il sait déjà que ce sera une petite fille. Il sait, aussi, qu'elle sera aimée comme lui ne l'a jamais été : « J'ai déjà quatre enfants, explique-t-il. Ils ont tous été passionnément désirés. Et j'ai bien l'intention de les assumer pleinement, jusqu'à ma mort ! Que voulez-vous ! Il y a sans doute au fond de moi un petit Jacques Martin dont on ne s'est pas toujours occupé comme il l'aurait voulu ! »

Reste tout de même qu'avant cette naissance, Jacques Martin et Cécilia décident de se marier. « Il faut que notre bébé ait de vrais parents », affirme l'animateur. Une phrase qui doit hérisser Danièle Évenou, dont les deux fils sont, comme on dit, des « enfants naturels ». Mais, si tel est le cas, elle s'abstient de le faire savoir, préférant garder avec le père de Frédéric et de Jean-Baptiste d'aussi bonnes relations que possible. Quant à David, qui travaille désormais comme chef de cuisine à l'espace Cardin, et à Élise, informaticienne, ils se déclarent l'un comme l'autre ravis d'avoir une nouvelle petite sœur, mais aussi une nouvelle belle-mère !

Août 1984. Tout est prêt pour la naissance du bébé. Jacques Martin, soucieux du moindre détail, a fait refaire l'une des chambres de son appartement de Neuilly. La pièce a été tapissée de rose. « C'est la couleur du bonheur et de la tranquillité », dit-il. Avant d'ajouter cette phrase un peu étrange : « Elle est apaisante. On l'utilise beaucoup dans les prisons aux États-Unis, pour les détenus… » Quoi qu'il en soit, la pièce est meublée d'un très beau berceau, d'une table à langer, d'une armoire confortable et garnie d'une collection d'éléphants en peluche de toutes les tailles. Au mur, une photo de Jacques Martin tenant dans ses bras une Cécilia rayonnante. Le décor est parfait, ne manque que son occupante. Sagement, elle attendra que la noce soit passée avant de pointer le bout de son nez…

10 août. Cécilia Ciganer-Albéniz, vêtue d'une robe blanche, les cheveux tirés en arrière en un chignon très bon chic bon genre, et Jacques Martin, en costume et cravate assortie, quittent leur domicile de la rue de Madrid, à Neuilly. Entourés de David et Élise et d'une

poignée d'amis, ils montent les marches de la mairie de Neuilly. Cécilia, très émue, tient entre ses mains un bouquet rond qu'elle ne lâchera pas, même au moment de signer le registre. Elle est radieuse et cela se voit. Elle qui a connu plusieurs chagrins d'amour cuisants va devenir l'épouse de l'animateur préféré des Français et du père de cet enfant dont la naissance est imminente. Que pourrait-elle demander de plus ?

Des pas. Un murmure. Un bruit de chaises que l'on tire. Cécilia et Jacques Martin se lèvent. Dans la salle des mariages de l'hôtel de ville de Neuilly, le maire vient d'entrer. Il s'appelle, on le sait, Nicolas Sarkozy. On le dit habitué des mariages « people », puisqu'il a déjà notamment uni Michel Sardou et Eddie Barclay. Il se réjouit de marier Jacques Martin, dont il apprécie l'humour. Ce qu'il ignore néanmoins, c'est qu'il va s'éprendre, au premier coup d'œil, de la jeune mariée...

« Pour cacher son émoi, écrit Catherine Nay[1], il accable Jacques Martin de compliments, et s'exclame : "Jacques, j'aimerais vous faire un cadeau pas cher et qui pourtant n'a pas de prix pour moi, que je ne puis vous donner et que sans doute vous n'accepteriez pas parce que vous n'en auriez pas l'usage : mon écharpe de maire." [...] Il s'agit bien sûr d'un message subliminal adressé à Cécilia : j'aimerais vous offrir ce que je ne puis pas et que vous-même ne pourriez accepter aujourd'hui : le mariage. »

L'interprétation est-elle juste ? Quoi qu'il en soit, ni Cécilia ni Jacques Martin ne s'offusquent de ce qui vient d'être dit. À cet instant d'ailleurs, ils n'ont d'yeux que l'un pour l'autre. Après la signature du registre, alors que Cécilia serre son bouquet sur son ventre

---

1. *Un pouvoir nommé désir*, Grasset, 2007.

rebondi, Jacques Martin invite Nicolas Sarkozy à leur repas de noces. Par la suite, avec son épouse, il deviendra même l'ami de la famille... et l'amant de la belle Cécilia.

Mais n'allons pas trop vite. Pour l'heure, la jeune mariée part se reposer à Biarritz et ne remonte à Paris que pour donner naissance, le 22 août, à une petite fille prénommée Judith. Un bébé qui plonge l'animateur dans la plus profonde adoration. Bien sûr, Jacques Martin a déjà été père. Mais cette fois, peut-être parce qu'il n'est plus de la prime jeunesse, c'est un père gâteux. Il idolâtre Judith, qu'il considère comme la huitième merveille du monde. Rien n'est trop beau pour elle : vêtements, jouets, petits bijoux de prix. Pas question de la laisser pleurer ne serait-ce que quelques minutes. Au moindre cri, au plus petit couinement, il se précipite et la prend dans ses bras. Il surveille sa courbe de croissance plus scrupuleusement que l'audimat de ses émissions, s'énerve quand elle ne finit pas ses biberons, s'inquiète dès qu'elle éternue. Pour la voir plus souvent, il renonce même à ses folles nuits chez Castel, rentre le plus tôt qu'il peut de ses réunions ou de ses enregistrements. Le week-end, il passe du temps dans la maison de ses beaux-parents. Bref, il mène une vie de bon père de famille tout en se débattant, du mieux qu'il peut, avec les affres de son métier...

On le sait – c'est encore ainsi aujourd'hui –, à la télévision, les émissions les plus fortes, les plus amusantes, les mieux « tricotées », finissent tout de même par lasser ! Pour éviter d'ennuyer le téléspectateur, il faut sans cesse innover. Un problème majeur que Jacques Martin a appris à combattre par sa seule personnalité. D'enregistrement en enregistrement, il se fait plus drôle, plus caustique, plus charmeur. Il multiplie les scoops, invite des stars prestigieuses ou de jeunes talents dans le vent… il donne de sa personne comme il ne l'a jamais fait. L'audimat suit, et pourtant, l'animateur n'est jamais sûr de renouveler ses contrats avec la chaîne. Sous ses airs bonhommes, Jacques Martin est un anxieux maladif qui s'interroge sans cesse : et si, un jour, tout s'arrêtait ? S'il ne plaisait plus ? Si Antenne 2 décidait purement et simplement de se passer de lui ? Impossible ! lui répondent ses collaborateurs les plus proches. Impossible ? Jacques Martin fronce le sourcil. Comment oublier qu'il a naguère été écarté sans ménagement de la télé, de la radio ? Combien de vedettes du petit écran ont été purement et simplement remerciées, du jour au lendemain… ? Qui sait si cela ne va pas lui arriver, à lui aussi ? Si tel est le cas, comment tiendra-t-il le coup sur le plan financier ? « Les gens vont toujours s'imaginer qu'on gagne des fortunes, dit-il. D'homme vraiment riche dans ce métier, je n'en connais qu'un : Tino Rossi. Moi, tout ce que je possède, c'est cet appartement de Neuilly que j'aurai fini de payer quand j'aurai 65 ans ! Tenez. Je m'étais engagé à ne jamais servir de support publicitaire. Mais j'avais oublié que la langue française est riche d'un mot terrible : impôts. Pour payer des arriérés, j'ai été contraint de faire de la réclame pour une marque de meubles ! Et je ne m'offrirai pas de vacances à l'étranger cette année ! »

Autant le dire : il exagère. Car, à cette époque au moins, Jacques Martin est loin, très loin de la ruine. Et, s'il connaît quelques angoisses quant à sa popularité, s'il ne cesse de se remettre en cause, les choses vont plutôt bien pour lui. On peut même écrire, sans trop risquer de se tromper, que cette période compte parmi les meilleures de son existence. Jacques Martin est célèbre. Il est entouré de la grande famille qu'il souhaitait tant construire : David et Élise, ses aînés, Frédéric et Jean-Baptiste, les enfants de Danièle Évenou, sa petite Judith, Cécilia, sa femme. Puis, indépendamment de ses activités télévisuelles, il s'est attelé à un nouveau projet qui le comble : la mise en scène de *La Belle Hélène,* d'Offenbach, au théâtre des Champs-Élysées sous la direction d'Alain Lombard ! Dans cet opéra-bouffe, Martin se réserve le rôle du roi Ménélas. Il répète avec enthousiasme, dirige sa troupe avec l'énergie qui le caractérise et écoute à peine, comme à son habitude, les conseils qu'on lui prodigue. Bref, il se montre égal à lui-même, tout en endossant le rôle d'un souverain… La période est faste, glorieuse, franchement heureuse même puisqu'en 1987 un nouveau bonheur vient ponctuer sa vie : Cécilia vient de donner à Jacques Martin leur seconde fille : Jeanne-Marie. Judith, âgée de 2 ans et demi, se penche au-dessus du berceau de sa sœur. Elle n'est pas la seule. Parmi les très nombreux visiteurs entourant sa maman, il y a Marie et Nicolas Sarkozy.

On peut dire ce que l'on veut de notre président de la République, mais, ce qui est certain, c'est qu'il a de la suite dans les idées. Après avoir célébré le mariage de Jacques Martin et de Cécilia, puis présidé leur repas de noces, il n'a pas oublié la jeune femme, loin de là. Il sait bien sûr qu'en principe il n'a rien à espérer. Cécilia est mariée, heureuse. Lui aussi d'ailleurs ! Voilà plusieurs années maintenant, il a épousé une jeune Corse prénommée Marie. Elle est très douce, n'a d'yeux que pour lui et encourage sa soif de réussite. Près d'elle, il se sent bien. Mais, tout de même, Cécilia lui trotte dans la tête. Parfois, au moment le plus inattendu, il revoit, en un éclair, son regard si particulier, ses yeux de chat aux prunelles brillantes. Il entend le son de sa voix, à la fois mélodieuse et un peu autoritaire. Il se souvient de son port altier, de ses cheveux lisses, de cette manière qu'elle a eue de le regarder. A-t-il rêvé ou l'a-t-elle regardé ? Sans oser se l'avouer, le futur président est en train de tomber amoureux. Et, pour revoir Cécilia, il se débrouille pour devenir son ami mais aussi celui de son mari. Il n'a pas grand mal, d'ailleurs, à tisser des liens avec eux. Ils ont quelques centres d'intérêt communs, des enfants... Cécilia accepte volontiers d'être la marraine de Pierre, le fils de Nicolas. Une occasion forcément médiatisée qui vaut aux deux couples de poser ensemble pour une photo devenue célèbre. Un peu plus tard, c'est au tour de Nicolas de devenir le parrain de Jeanne-Marie. Et, comme l'explique la journaliste Catherine Nay[1], « tout ce petit monde part ensemble en vacances, dans une belle maison louée par Jacques Martin à Mouans-Sartoux et joliment baptisée la Baraka ».

La suite ressemble à un article de *Gala*. Cet été-là, outre les couples Martin et Sarkozy, de très nombreuses personnalités défilent au bord d'une piscine remplie à ras bord d'une eau translucide et chaude. Chanteurs, hommes d'affaires, comédiens et metteurs en scène partagent le gîte et un excellent couvert puisque, bien sûr, Jacques Martin est souvent aux fourneaux. Des vacances pendant lesquelles, de l'avis de tous, l'animateur est détendu et souriant. Il en oublie même, dit-on, de se mettre en colère. Comment ne pas se relaxer dans cet arrière-pays cannois baigné de soleil, aux côtés de sa jeune et jolie femme et de ses amis ? Il n'a qu'une priorité : profiter pleinement de ce répit entre deux saisons télévisuelles

1. *Ibid.*

harassantes. Pour une fois, il ne pense pas à la rentrée et cesse d'accumuler les projets, comme il le fait d'ordinaire…

Durant les mois qui suivent cet été idyllique, les liens entre les Martin et les Sarkozy se renforcent encore. Cécilia et Marie deviennent même de très bonnes amies, et partagent les joies simples et les petits tracas de toutes les jeunes mamans. Premiers pas, premières chutes, premiers mots, premiers fous rires : elles n'en finissent pas de s'émerveiller de leurs enfants respectifs. Entre deux biberons, deux goûters, Cécilia raconte à Marie ses voyages avec Jacques Martin. Il l'a emmenée à Venise. Elle l'a convaincu de passer plusieurs semaines aux États-Unis, où l'un de ses frères possède une maison. Un séjour inoubliable dans les plaines du Grand Ouest… De son côté, Marie confie les ambitions de son jeune époux. Elle est certaine que Nicolas a devant lui un bel avenir politique. Un jour, il sera député, ministre. Et qui sait ? Peut-être ira-t-il plus loin encore ? Le soir, les deux couples se retrouvent souvent autour d'un dîner savoureux ou d'un spectacle. Mieux encore : comme le raconte Catherine Nay, Jacques Martin invite Nicolas Sarkozy lors de ses enregistrements au théâtre de l'Empire, et il demande au public de l'applaudir après l'avoir fait monter sur scène…

Mais si Nicolas Sarkozy considère l'animateur comme un ami, s'il lui voue une réelle estime, il est toujours fasciné par Cécilia. Loin d'être du Marivaux, c'est bien une tragédie qui se joue là ! Car le maire de Neuilly ne recherche pas seulement une aventure. Il est réellement, profondément épris. Et tandis que Jacques Martin travaille comme un fou pour maintenir ses émissions à flot, Nicolas Sarkozy fait une cour discrète mais pressante à Cécilia…

15

« Franchement, le soir de l'élection présidentielle,
à la Concorde, quand j'ai entendu chanter
"Qu'elles sont jolies les filles de Sarkozy !" ça m'a fait mal,
parce que c'étaient les filles de Jacques Martin
et qu'il était peut-être devant la télé. »

(Guy Carlier, 2007)

Comment Jacques Martin n'a-t-il rien vu venir ? Pourquoi n'a-t-il pas compris que Cécilia allait s'ennuyer à l'attendre ? Au début de leur union, la jeune femme a été heureuse, c'est vrai. Elle n'avait jamais goûté aux joies de la maternité. Elle a découvert qu'elle adorait pouponner. Ses deux filles sont sans doute ce qu'elle a de plus cher au monde. Elle les élève avec intelligence et amour, veille jalousement sur elles. Lorsqu'elles étaient bébés, elle s'occupait d'elles à plein temps. Maintenant qu'elles sont un peu plus âgées, elle les emmène elle-même à l'école, revient pour l'heure de la sortie, un goûter à la main. Judith, ainsi prénommée parce que Jacques Martin a une passion pour la Bible, et Jeanne-Marie grandissent bien. Elles comblent toutes les deux leur mère. Seulement voilà. Au fil des mois, puis des années, Cécilia voit son mari sortir peu à peu de leur vie.

Oubliant ses bonnes résolutions de papa poule, Jacques Martin plonge de nouveau dans un tourbillon d'activités. La télévision le mange, le dévore, le poursuit partout, où qu'il soit. Levé à 6 heures, couché à minuit, sur le pont du matin au soir, il rentre chez lui harassé. La nuit, il n'arrive pas à dormir, calcule ses budgets, s'inquiète de ne pas parvenir à « avoir » tel ou tel invité, se remémore les bourdes de ses collaborateurs et s'indigne... Il ne quitte plus jamais vraiment son bureau. Cécilia ? Il l'aime toujours, évidemment. Il lui téléphone cinq fois par jour, des appels pressés, comme lui, « Bonjour, ça va ? et les petites ? je rentre dès que je peux, je t'aime, bonne journée, à ce soir. » À ce soir ? Le soir, trop souvent, il n'est pas là. Pour se faire pardonner, il fait envoyer des fleurs, assure que tout cela n'est que passager, qu'ils vont partir en week-end, en voyage, qu'il sera là bientôt. Très bientôt même. Jacques Martin est toujours aussi amoureux. Mais il a d'autres choses en tête que l'amour. Il court, Martin. Et dans sa course folle, il en oublie parfois ceux qu'il aime. La preuve ? Lui qui a tant voulu être père ne consacre plus guère de temps à ses enfants. Bien sûr, David et Élise, désormais adultes, volent de leurs propres ailes. Mais Danièle Évenou, elle, se débat avec les jeunes Frédéric et Jean-Baptiste, respectivement âgés de 11 et 9 ans : « Après avoir quitté Jacques Martin, dit-elle, j'ai été seule quelque temps avec eux. Ensuite, j'ai rencontré mon nouvel amour, Georges Fillioud. Il s'est vraiment bien occupé d'eux. D'ailleurs, Jacques disait à qui voulait l'entendre : "Vous avez vu ? Mes fils sont élevés par un ministre !" »

Malheureusement, cette nouvelle vie de famille n'empêche pas Frédéric et Jean-Baptiste de rencontrer quelques problèmes à l'école. Danièle se résout alors à appeler l'animateur : « Je lui ai dit : "Jacques, il faut qu'on se voie avec les enfants." Il m'a dit : "OK, on dîne au Fouquet's." Au Fouquet's ! Il n'avait rien trouvé de plus discret, alors qu'à l'époque mon mari était ministre ! Et en plus, il a choisi la table la plus en vue. Les enfants se cachaient derrière le menu. En plus, au cours du repas, on a parlé de tout, sauf des problèmes scolaires des gosses ! »

Pour finir, Frédéric et Jean-Baptiste, solidement encadrés par leur mère et leur beau-père, se remettront des défaillances de Jacques Martin. Mais Cécilia, elle, n'est pas de celles qu'on laisse de côté trop longtemps. Peu à peu, lassée des absences répétées de son mari, elle se laisse séduire par le jeune maire de Neuilly. Lui, au moins, il ne compte pas le temps qu'il passe avec elle…

Printemps 1988. Ironie du sort : Jacques Martin vient d'être décoré de l'ordre national du Mérite par Nicolas Sarkozy en personne ! Une cocasserie dont il parlera plus tard avec amertume en disant : « Il a décoré le cocu ! » En attendant, il travaille toujours comme un forcené. Non seulement il doit assurer ses émissions télévisées habituelles mais, de surcroît, préparer une comédie musicale baptisée *La Lune entre les dents*, qu'il a lui-même écrite et composée et qui doit être jouée au théâtre Marigny. Pendant qu'il peaufine son œuvre, qu'il répète, qu'il met en place et enregistre ses émissions dominicales, persuadé de travailler pour le bien des siens, Cécilia, elle, prend quelques jours de vacances. C'est à Megève, où elle s'est retirée quelques jours avec le couple Sarkozy, que tout bascule. Là, dans cette petite ville réputée pour sa fréquentation huppée, se déroule une scène digne d'un vaudeville.

« Un après-midi, rapporte Catherine Nay, Marie rentre plus tôt que prévu à l'hôtel. Nicolas n'est pas dans leur chambre. Elle le cherche, finit par frapper à la porte de Cécilia. Quand enfin son amie lui ouvre, elle comprend qu'elle n'était pas seule. La fenêtre est encore béante. Des traces de pas dans la neige lui indiquent que quelqu'un vient de s'esquiver. Son mari ? Un cauchemar ! Nicolas, pris en flagrant délit d'adultère, doit sur-le-champ gérer l'ingérable. »

Il semble qu'il y parvienne. Car, dans un premier temps au moins, Jacques Martin n'est pas mis au courant de son infortune. Marie espère encore sauver son ménage. Elle juge plus prudent de se taire. Après tout, peut-être Nicolas va-t-il lui revenir. Le maire de Neuilly et Cécilia, eux, n'ont bien sûr aucun intérêt à parler. Du coup, au retour de Megève et pendant les semaines qui suivent se joue une comédie que ne renierait pas le grand Feydeau. Tout, en apparence, est comme avant. À un détail près : Marie et Cécilia s'évitent. Nicolas Sarkozy, lui, passe au moins momentanément à autre chose et se lance à corps perdu dans la campagne présidentielle, soutenant ardemment Jacques Chirac, qui affronte cette année-là François Mitterrand. Quant à Jacques Martin, il continue bien sûr de vaquer à ses occupations. Détail néanmoins piquant : lui qui n'a jamais soutenu aucune cause politique accepte, par pure amitié pour Nicolas Sarkozy, de participer à un grand meeting organisé par les chiraquiens...

« Le voilà ! »

6 mai, place de la Concorde. Devant l'estrade, un très nombreux public est assis. Jacques Martin arrive, l'ordre national du Mérite à la boutonnière, tandis que les proches de Nicolas Sarkozy se poussent du coude. Car déjà, rumeur oblige, ils savent. Et ils se posent tous la même question : Jacques Martin a-t-il oui ou non appris que sa femme était la maîtresse de son

meilleur ami ? Si tel est le cas, quand il prendra la parole, il risque de faire un scandale. Alors, par prudence, on fait en sorte que son micro puisse être coupé dans la seconde. Au cas où...

Mais la précaution est superflue. Car Jacques Martin est à mille lieues de se douter que sa tendre femme le trompe. C'est même avec un sourire non feint qu'il se lève et s'avance vers l'estrade : « Chers amis, lance-t-il en substance, je suis très heureux d'être parmi vous aujourd'hui. Je suis venu vous dire qu'une victoire des socialistes m'inquiéterait beaucoup pour l'avenir de mes enfants... »

Le reste est à l'avenant. En coulisse, on le devine, les amis de Nicolas Sarkozy se gaussent. Les journalistes présents, eux, s'étonnent : « Mais qu'est-ce qui lui prend ? demande l'un d'eux à son voisin. Tu savais, toi, qu'il était RPR ? »

Non, il ne le savait pas. Personne ne le savait, d'ailleurs ! Il n'empêche que, dès le lendemain, c'est un tollé. Comment cet homme de télévision, pas même journaliste, a-t-il l'audace d'exposer au grand jour ses opinions politiques ? Quand on est un homme public de cet acabit, il est – à l'époque – de bon ton de rester neutre. Mais Jacques Martin s'en fiche. Il a le sentiment d'avoir fait œuvre utile...

Mai 1988, toujours. La rumeur de la liaison de Nicolas Sarkozy et de Cécilia Martin court désormais dans tout Paris. Au théâtre de l'Empire, tout le monde – techniciens, musiciens, assistants et journalistes – est au courant. « On en était gêné, dit Robert Quibel. On savait tous qu'il était cocu. Tous, sauf lui. »

Tous, sauf lui. On imagine les chuchotements, les regards gênés, les clins d'œil complices à l'arrivée du « chef ». Comment ne pas imaginer, également, l'atmosphère qui règne au sein de la production des émissions ? Qui va oser révéler à l'animateur qu'il porte des cornes ? Robert Quibel, comme les autres, se pose la question. Pour finir, comment Jacques Martin a-t-il appris son infortune ? Si Robert Quibel ne le dit pas, il explique à quel point l'animateur a été bouleversé par la nouvelle : « Il aimait vraiment Cécilia. Il était persuadé que c'était réciproque. D'apprendre qu'elle l'avait trompé lui a fichu un coup terrible. »

Un coup terrible, c'est bien l'expression qu'il faut employer. Car Jacques Martin est à la fois frappé dans son amour et dans son orgueil. Dans sa vie, deux femmes ont, jusque-là, vraiment compté pour lui. Annie, sa première épouse, et Danièle Évenou. Annie et lui se sont quittés par désamour. Danièle Évenou est partie parce qu'elle ne supportait plus sa possessivité et son mauvais caractère. Mais ni l'une ni l'autre ne l'a trahi, trompé. Cocu. Le terme fait rire l'animateur quand il s'agit de le mettre en scène dans un sketch ou dans une comédie burlesque dont il a le secret. Cette fois, c'est de lui qu'on rit. Lui, le seul à ne pas s'être aperçu que le cocu… c'était lui !

La rage. Le désespoir. L'angoisse. Tels sont les sentiments qui habitent Jacques Martin quand il rentre seul chez lui après avoir appris « la » nouvelle. La rage, parce que Cécilia, « sa » Cécilia, l'a trahi. Elle couchait avec un autre. Un autre ? Son meilleur copain ! Dire qu'elle continuait de lui sourire, de l'embrasser, de l'aimer comme si de rien n'était. Le désespoir aussi, parce que cette femme, « la » femme de sa vie, a trouvé le bonheur dans d'autres bras que les siens. Lui qui se pensait si protecteur, si paternel. Lui qui ne travaillait que pour elle et les enfants. L'angoisse, enfin, parce qu'il ne sait plus où il en est. Va-t-il, à 55 ans, devoir recommencer sa vie une fois encore ? Va-t-il devoir rebâtir une nouvelle famille, la quatrième ?

Aura-t-il ce courage ? Pourra-t-il supporter, et même envisager, de vivre sans Cécilia et ses filles ? Il le faudra bien pourtant. Quand elle lui aura avoué sa trahison, il devra la mettre dehors. Pas sur-le-champ. Il est trop bien élevé pour cela. Mais vite, très vite. Sinon, il n'en trouvera pas la force…

Seulement voilà. Quand Jacques Martin exige une explication, Cécilia nie farouchement. Comment peut-il croire les rumeurs, les ragots ? Il n'y a rien entre Nicolas Sarkozy et elle. Rien qu'une amitié sincère… Du coup, voilà Martin ébranlé. Qui dit vrai ? Qui dit faux ? Ses amis, qui l'ont prévenu ? Sa femme, visiblement si triste de le voir douter d'elle ? Pour la première fois de sa vie peut-être, il chancelle, anéanti. Comme un enfant perdu, il se raccroche aux dénégations de Cécilia. Après tout, peut-être est-elle sincère ? Tout n'est probablement pas perdu. Peut-être va-t-il pouvoir oublier la rumeur qui voulait les séparer ? Un temps, Martin se prend à espérer. « Pour finir, écrit Catherine Nay, c'est Marie Sarkozy qui téléphone à Jacques Martin pour lui confirmer, preuves à l'appui, leur commune infortune. » Le doute n'étant plus permis, fou de colère, le mari trompé menace d'aller « casser la gueule à Nicolas »…

D'après les informations que nous avons, l'animateur préféré des Français ne met pas ses menaces à exécution. Mais, après le départ de Cécilia, qui quitte le domicile conjugal avec ses deux filles à l'automne, il profite de chaque occasion pour brocarder le maire de Neuilly. Ainsi, pendant l'une des auditions de « L'École des fans », le public assiste, amusé, à cette scène :

— Alors, petite, tu viens d'où ?

— De Neuilly.

— Ah bon ? Tu viens de Neuilly ? Et ton papa et ta maman sont là ?

— Oui…

— Où ça ?

À cet instant, la caméra se pose sur les parents de la jeune invitée.

— Ah ! monsieur ! Ils ont un drôle de maire, là-bas. Ne lui amenez pas votre femme, il s'en occuperait personnellement !

Depuis qu'il jouit d'une certaine notoriété, Jacques Martin a souvent exposé, plus ou moins volontairement, sa vie privée. Cette fois encore, bien qu'il eût sans doute préféré se taire, il doit s'expliquer. Son public veut savoir ce qu'il ressent. Alors il accepte l'invitation de Thierry Ardisson à participer à « Double jeu ». L'émission, diffusée le samedi soir, met en scène des personnalités face à elles-mêmes. Avec humour et un soupçon de cruauté, Thierry Ardisson les confesse. Jacques Martin joue le jeu, et avoue que s'il a eu un jour envie de tuer quelqu'un, c'était « le maire de Neuilly » !

Sans cacher sa blessure, face à tous, maître Jacques ironise. Dans le privé, il s'effondre. Partie. Cécilia est partie. Et avec elle ses petites filles. Ses amours. En réalité, en cet automne 1988, Jacques Martin est le plus malheureux des hommes. Après le départ de Danièle Évenou, il a cru mourir de chagrin. Mais la douleur qu'il a ressentie à cette époque n'était rien à côté de celle qui le taraude aujourd'hui. Parfois même il se dit qu'il ne survivra pas à ce départ, à cette absence. À ce nouvel abandon.

« Le départ de Cécilia a été un des moments les plus cruels de ma vie, confiera-t-il bien des années plus tard à un journaliste de *Télé 7 Jours*. Il y a des choses que je ne peux pas pardonner. Je ne veux plus parler à Cécilia, sauf par avocats interposés. »

Le silence et le dédain. Voilà les seules armes qui lui restent pour faire comprendre à cette femme qu'il a aimée passionnément qu'on ne joue pas impunément avec ses sentiments. Quand Cécilia Martin demande le divorce, seuls les avocats dialoguent. Le mari trahi ne souhaite pas se battre. Le 20 juin 1989, le tribunal de grande instance de Nanterre accorde le divorce au couple Martin. Cécilia obtient la garde de ses filles et une confortable pension alimentaire. « Un divorce, et je sais de quoi je parle, est une chose bâclée, une sorte de huis clos d'où seul le juge sort intact », commente simplement Jacques Martin.

Les mots amers d'un homme anéanti. Jamais plus il n'aimera une femme comme il a aimé Cécilia, il le jurerait…

16

« Travailler avec Jacques Martin,
c'était une leçon permanente de professionnalisme
dans le sens où il savait faire rire avec un rien.
C'était un véritable artiste. »

(Laurent Ruquier)

Inutile de demander des places : le théâtre de l'Empire est complet plusieurs mois à l'avance. Quant à l'audimat de Jacques Martin, il est au zénith. Comme si, pour oublier Cécilia, l'animateur avait décidé de ne plus jamais cesser de flirter avec le succès. Côté cœur, c'est le calme plat. Côté travail, un branle-bas de combat permanent. Même s'il récolte entre 33 et 40 % de parts de marché chaque dimanche, Martin a décidé de lancer une nouvelle émission dominicale. Une de plus ! Cette fois, pas question de gags incroyables, ni d'enfants chantant des « tubes ». Jacques Martin veut renouer avec la veine du « Petit Rapporteur » et de « La Lorgnette ». Manier l'actualité avec humour et dérision lui manque. Il est maintenant plus que célèbre, il souhaite aussi marquer l'opinion. Pour cela, il cherche du sang neuf parmi les journalistes. Certes, Pierre Bonte, Piem, Stéphane Collaro sont encore excellents. Mais, en quelque sorte, on les a trop vus ensemble. Reformer le groupe aurait pour le public un goût de réchauffé. Il faut à Martin d'autres têtes, d'autres voix, d'autres talents. Et aussi incroyable que cela paraisse, pour les trouver, il passe tout simplement une petite annonce dans *France-Soir* !

Parmi tous ceux qui la lisent en cette année 1990 se trouve un jeune homme de 27 ans. Il s'appelle Laurent Ruquier, et il est né au Havre dans une famille modeste. Enfant heureux, il grandit auprès d'un père qui travaille sur les chantiers et d'une mère au foyer. À l'école déjà, il fait rire tous ses camarades grâce à des minijournaux humoristiques, des brèves cocasses et des rédactions ubuesques. Comique-né doté d'un solide talent d'écriture, le jeune Laurent se destine dans un premier temps à une carrière d'expert-comptable. Mais, s'il a jamais eu l'amour des chiffres, l'explosion des radios locales l'en détourne à peine ses diplômes – brillamment – obtenus. Laurent Ruquier travaille pour plusieurs radios locales puis, sur les conseils avisés de sa tante, « monte » à Paris, où il rencontre Jean Amadou. Son humour plaît au célèbre chansonnier. Quelques semaines plus tard, le voilà « lancé » !

« En 1990, nous dit-il, j'avais déjà deux ou trois ans de radio derrière moi. J'avais travaillé à Europe 1, et je faisais une émission avec Claude Villers sur France Inter. Quand j'ai vu l'annonce de Jacques Martin dans *France-Soir,* j'ai décidé de tenter ma chance. Je lui ai envoyé quelques textes… »

À peine Jacques Martin les a-t-il lus qu'il demande à Josette Raimbault, son assistante, d'appeler le jeune auteur : « Fixez-lui un rendez-vous le plus vite possible, dit-il. Tiens, demain, ça serait bien ! »

Aujourd'hui, tout le monde connaît Laurent Ruquier, son bagout, sa verve, son culot, son insolence. À le regarder mener ses émissions, l'œil rieur et la langue affûtée, on a du mal à l'imaginer en jeune homme stressé. Et pourtant ! Quand il arrive pour son premier rendez-vous devant le théâtre de l'Empire, au jour et à l'heure dite, Laurent Ruquier n'en mène pas large. Tout, ici, l'impressionne. La salle aux fauteuils tendus de velours, la scène encore plus grande en l'absence de décor, les coulisses désertes et silencieuses, et cet escalier qu'il emprunte pour gagner le bureau de Jacques Martin. Quelques marches encore et il sera en face d'un célèbre animateur doublé d'un comédien talentueux, mais aussi d'un producteur coléreux. Car, au dire de certains, depuis le départ de Cécilia, le caractère de Jacques Martin ne s'est pas vraiment arrangé.

« Entrez mon grand ! On a besoin de vous ! »

La voix inimitable de Jacques Martin résonne. Laurent Ruquier avance de deux pas, pousse la porte. Le voilà dans le grand bureau de l'animateur. La première chose qu'il voit, c'est le portrait de Gérard Philipe, qui trône en bonne place. La seconde, c'est Martin lui-même. Un Martin en bras de chemise, sans cravate, une cigarette à la main, qui lui sourit avec jovialité et lui demande de prendre place face à lui.

« Il m'a dit : “Voilà. Je prépare une émission avec Guy Montagné. Vous le connaissez ?” » Effectivement. Laurent Ruquier connaît bien cet humoriste, qui fait partie des « Grosses têtes ». « Ça s'appellera “Ainsi font, font, font”, poursuit Martin. “Guy et moi, on cherche quelqu'un qui pourrait nous écrire des textes. J'ai trouvé les vôtres très bons. Ça vous intéresse ?” »

Si Laurent Ruquier l'avait osé, il aurait sans doute répondu : « Bof. » En effet, après avoir été nègre pendant deux ans, notamment pour le compte de Jean Amadou, il écrit enfin ses propres sketchs, qu'il joue à l'antenne de France Inter. L'idée de revenir en arrière ne l'enchante qu'à moitié, même si c'est pour travailler avec Jacques Martin. Mais répondre « bof » à l'animateur, ça ne se fait pas, surtout si l'on veut rester dans ses bonnes grâces. Alors, le plus délicatement possible, Laurent Ruquier tente de faire comprendre à son interlocuteur que sa proposition, pour être flatteuse, n'entre pas tout à fait dans son plan de carrière. Martin, qui n'est pas tombé de la dernière pluie et qui ne veut surtout pas lâcher cet auteur des plus prometteurs, lui lance : « D'accord. Si vous écrivez quelques textes pour nous, on vous accordera trois ou quatre minutes dans l'émission. OK ? »

Un silence. Et il ajoute : « Dépêchez-vous. On diffuse très vite... »

C'est ainsi que, moins de quinze jours plus tard, Laurent Ruquier entre à nouveau dans l'enceinte du théâtre de l'Empire. Mais, cette fois, pour enregistrer ! Caméras, micros, lumières, tout est déjà en place au moment où il monte sur scène. Jacques Martin et Guy Montagné sont là, habillés et maquillés. Martin, à son habitude, donne de la voix. Il s'adresse aux techniciens, aux cameramen, aux ingénieurs du son, vérifie, comme toujours, que tout va comme il veut. Mais, à la grande surprise de Laurent Ruquier, au moment où le tournage commence, lui, le pro, perd contenance.

« Pour moi, ça été une vraie leçon, dit aujourd'hui Laurent Ruquier. Face à moi, il y avait un homme qui avait un métier et un passé hors du commun. Pourtant, au bout de dix minutes d'enregistrement à peine, sa chemise était trempée par le trac, le stress, le devoir de faire rire... Dire des textes humoristiques ou satiriques, il n'avait pas fait ça depuis longtemps et manifestement, ça l'angoissait ! »

Angoissé, Martin ? Eh bien oui. Parce qu'« Ainsi font, font, font », c'est pour lui une nouvelle gageure, un nouveau défi qu'il ne veut pas rater. Voilà quelques années encore, il n'aurait sans doute pas tremblé, ne se serait sans doute pas remis en cause. Mais le départ de Cécilia, la faillite de sa vie privée, l'approche de la soixantaine l'ont fragilisé. Il est encore un professionnel d'exception. Mais, à force de présenter « L'École des fans » et « Thé dansant », il s'est adouci, érodé, il a perdu le sens du caustique. Pour réussir « Ainsi font, font, font », il doit se reprendre, retrouver la verve et l'ironie qui ont fait son succès durant les premières années de sa carrière. Et ce n'est pas tout. Sévère avec lui-même, Jacques Martin l'est aussi, ô combien ! avec ceux qui l'entourent.

« Le pauvre Guy Montagné avait écrit un sketch au cours duquel il jouait avec de la nourriture, se souvient Laurent Ruquier. En gros, il s'amusait avec une tranche de saumon et finissait par se la mettre sur la tronche. Jacques Martin a trouvé le gag très mauvais. Non seulement il a décidé de se passer de Montagné, mais en plus, il a mis l'émission à la poubelle. »

Des heures de préparation et d'enregistrement réduites à néant. Les salaires des techniciens, cameramen, accessoiristes, maquilleuses présents sur le plateau, payés « pour rien ». Pour la production, c'est une perte sèche. Mais Jacques Martin s'en fiche. Plutôt que de présenter aux téléspectateurs une « première » qui ne lui convient pas, il préfère tout recommencer. Même si, pour cela, il doit décaler la diffusion d'« Ainsi font, font, font » d'une semaine ! Il s'expliquera avec la chaîne et avec la presse. Il argumentera, convaincra. Il a l'habitude. L'important, c'est de proposer une émission de qualité, avec Laurent Ruquier en lieu et place de Guy Montagné, définitivement remercié.

« Il m'a dit : "Écoute mon grand, on va la faire tous les deux cette émission, on n'a pas besoin de l'autre", et je me suis retrouvé à lancer l'émission avec Jacques huit jours plus tard. Voilà. »

Pour Ruquier, c'est évidemment une chance incroyable. Mais c'est aussi l'occasion de découvrir en direct le caractère disons bien trempé de son nouveau boss. En moins d'une semaine, Martin remet sur pied « Ainsi font, font, font ». Il relit cent fois les sketchs, les répète mille fois, passe ses jours et une partie de ses nuits au théâtre de l'Empire. Ses collaborateurs, exténués, sont au bord du malaise. Lui continue de travailler sans montrer aucune fatigue. Il ne dort pas. Il dévore les plats qu'on lui amène sans s'interrompre. Il remet tout en cause, une fois encore, la veille de l'enregistrement, jusqu'à ce qu'arrive enfin le jour J...

On le sait, dès sa première diffusion, « Ainsi font, font, font » séduit le public. L'émission devient même l'un des phares de « Dimanche Martin ». Reste, maintenant, à l'alimenter, la renouveler, semaine après semaine et à supporter les humeurs de l'animateur !

« Il était cyclothymique, explique Laurent Ruquier. Un jour, c'était l'homme le plus formidable de la terre. Humain, généreux, attentif... Le lendemain, s'il était de mauvaise humeur, il ne voulait plus rien entendre. Rien de ce qu'on lui présentait n'était drôle. C'est simple : selon le jour, le même sketch pouvait être jeté à la poubelle ou déclencher son enthousiasme. C'était un peu difficile à vivre, tout comme ses colères légendaires. Moi, je n'ai pas eu à en souffrir. J'avais tendance à ne pas me laisser faire. Je dois dire qu'au fond, quand quelqu'un avait du caractère, il appréciait plutôt et il usait peut-être de la faiblesse de certains. La seule chose qu'il me reprochait, c'était d'être plus grand que lui. Du coup, quand on enregistrait nos brèves sur l'actualité, il montait sur un petit cube en bois, pour être à ma hauteur. C'était notre secret ! »

Décembre 1991. « Ainsi font, font, font » est un succès d'audience et, en apparence, le duo Martin-Ruquier fonctionne bien. « Là où il était le meilleur c'était dans l'improvisation, se souvient l'humoriste. Il disait : “Bon bon, on va jouer tel truc, on va mettre une perruque, on va se déguiser comme ça et on va improviser.” C'était un maître dans ce domaine. Mais ce n'était d'ailleurs pas toujours facile pour moi. Je suis plutôt un homme de texte, de repartie et pas forcément à l'aise en improvisation. Parfois, on montait sur le plateau en disant “On va faire un sketch” sans savoir ce qu'on allait vraiment dire dedans. » Pour amener des idées neuves, Laurent Ruquier a même demandé à Virginie Lemoine et Jacques Ramade de les rejoindre. Mais, peu à peu, le jeune homme, lui, commence à en avoir assez. Au fil des émissions, travailler avec l'animateur est de plus en plus compliqué. Jacques Martin a bâti une émission satirique. Mais il n'en est pas moins totalement déconnecté de l'actualité ! Dans ces conditions, difficile pour Ruquier de faire « passer » ses textes...

« Au bout d'un moment, quand on écrit et que votre patron vous dit sans arrêt : “Non, ce n'est pas drôle”, “Non, on ne comprend pas”, on finit par en avoir un peu marre. Moi, si je faisais de la télé, c'était pour y prendre du plaisir. Et là, je me sentais de plus en plus frustré. Par ailleurs, je commençais à dire mes textes sur scène, j'étais passé de l'émission de Claude Villers à ma propre émission, qui s'appelait “Rien à cirer”, où j'avais le loisir de dire et faire ce que je voulais à la radio. Puis il y a eu la goutte d'eau qui a fait déborder le vase. Ce jour-là, j'avais fait une blague sur Jean-Paul Belmondo, qu'on voyait partout avec des chihuahuas. Martin s'est fichu en rogne. Il m'a dit :

"Qu'est-ce que c'est que cette histoire ? Les gens ne vont pas comprendre ! Ce n'est pas vrai, Belmondo ne se promène pas partout avec des chihuahuas." À cette époque, j'étais sur scène, et je faisais rire tout le monde avec ça. Je le lui ai dit. Il m'a répondu : "Mais non, c'est pas vrai. Belmondo n'a pas de chiens dans les bras !" Là, j'en ai eu marre. Je lui ai lancé : "Puisque c'est comme ça, j'arrête !" Il s'est vraiment fâché, et il est allé bouder dans sa loge. Après, son assistante est venue me voir, elle m'a demandé d'aller m'excuser. Mais j'ai dit : "Non. J'en ai marre. Je m'en vais." »

Il faut croire que Jacques Martin tient vraiment à Ruquier. Car, le lendemain, il lui téléphone. « Allez, lui dit-il. C'est pas grave. On s'engueule tout le temps sur les plateaux. Reviens jeudi. J'ai besoin de toi ! »

Mais Laurent Ruquier refuse. Il n'est plus fâché. Il estime simplement qu'il est temps pour lui de passer à autre chose. Il ne reverra Jacques Martin que bien plus tard, et lui montrera alors combien, au-delà de leur brouille, il lui est reconnaissant pour tout ce qu'il lui a apporté sur le plan professionnel…

Personne n'est irremplaçable. Personne, pas même un collaborateur fidèle et dévoué, ni la femme que l'on croyait aimer pour toujours. Laurent Ruquier parti, « Ainsi font, font, font » continue de tourner. Cécilia envolée, Jacques Martin se laisse séduire par une autre jeune femme…

17

« Il m'a appris à sourire. Je ne savais pas sourire. »

(Céline Martin Boisson)

Il croyait ne plus jamais ressentir autre chose que du chagrin et de la rage. Tellement sûr que l'amour, pour lui, ne reviendrait jamais, il s'était résigné à passer ses nuits avec les amantes d'un soir, celles que l'on met gentiment, mais fermement dehors au petit matin. Et puis le temps a passé. Les jours. Les semaines. Les mois. Il le dit lui-même : « J'ai pris un grand coup de pied dans les parties honteuses. Je pensais que les femmes étaient la dernière race au monde. J'ai mangé la moquette. Mais peut-être faut-il que de temps en temps on vienne troubler la candeur d'un homme. » Le trouble vient en effet, un jour d'enregistrement. Sur le plateau du « Monde est à vous », tourné cette fois-là à Strasbourg, Jacques Martin se surprend à poser les yeux sur l'une des hôtesses chargées de distribuer les cadeaux aux gagnants. Sa peau laiteuse, ses cheveux d'un roux flamboyant, son petit nez retroussé lui donnent un charme fou. Pour être désespéré, Jacques Martin n'en est pas moins sensible.

« Dans l'avion de retour, dira-t-il, j'ai revu cette demoiselle. Je me suis assis à côté d'elle et je lui ai dit : "Puis-je vous déposer ?" »

Céline Boisson, c'est son nom, dit oui et la conversation s'engage. Très vite, ils se trouvent des points communs. Leurs parents sont divorcés. Leurs enfances n'ont pas été très gaies. Ils aiment tous les deux la musique et les voyages... « Une fois arrivés, raconte Jacques Martin, je l'ai invitée à dîner avant de la raccompagner chez elle. Après, on ne s'est plus quittés. »

Jacques Martin, pour la quatrième fois, invite une femme à partager sa vie. Bien sûr, Céline n'a que 24 ans. Elle pourrait être sa fille. Sa famille ne voit pas d'un très bon œil sa liaison avec lui. L'un de ses proches, l'apprenant, lui dit même : « Enfin voyons, c'est impossible ! » Mais, déjà très amoureuse, elle est bien décidée à panser les plaies d'un Jacques Martin encore blessé à vif par le départ de Cécilia. En son for intérieur, Céline sait bien qu'il pense toujours à elle. Il ne rate d'ailleurs pas une seule occasion de railler ou d'attaquer Nicolas Sarkozy. L'autre jour encore, au cours d'une émission de radio, il a lancé cette méchante pique : « Sarkozy ? Je ne vais quand même pas dire du mal du maire de mes enfants ! » Céline, elle, se tait. Elle est douce. Tendre. Elle l'écoute et panse ses blessures. Si certains prétendent qu'elle n'est pas tout à fait désintéressée, Jacques Martin refuse de les écouter. Il n'y a que les jaloux qui médisent. Aux côtés de Céline, il est apaisé. Lui qui avait renoncé à l'amour revit. Un peu. Rien d'étonnant, alors, s'il décide de lui demander sa main au cours d'un voyage à Venise.

Les épousailles sont célébrées un lundi de Pâques, jour anniversaire de leur rencontre et symbole de la résurrection. Jacques Martin a choisi de convoler à

Tourette-sur-Loup, dans les Alpes-Maritimes. Son ami et associé Paul Ceuzin y est conseiller municipal. Il recueillera le « oui » des deux promis. Lui, au moins, ne posera pas de regard concupiscent sur la jeune fiancée. Alain Decaux et Louis Chedid ont accepté d'être les témoins de l'animateur. François de Closets et sa femme, ainsi que Martine Allain-Regnault, sont également invités. Quelques heures avant la cérémonie, Jacques Martin est interviewé par *Le Parisien* : « Céline, dit-il, a donné une très bonne définition de notre couple : l'union de deux solitaires. C'est la première fois de mon existence que je vis autant avec une femme. Certes, il y a entre nous une vraie différence d'âge. Mais c'est le problème des autres. Nous, on a fait des calculs. On s'est dit : "Est-ce que c'est vivable ?" La réponse est oui. On tâchera de vivre le plus loin possible, tous les deux, de connaître de belles choses… »

Et comme le journaliste qui l'interroge lui demande s'il pense avoir d'autres enfants, il répond, malicieux : « Ouuuuh… on en parle ! »

Elle s'appelle Juliette. Elle est née en janvier 1984. Selon la formule consacrée, c'est un beau bébé de 2,8 kg et le septième enfant de Jacques Martin. Petite particularité : dernière de sa fratrie, Juliette est aussi plus jeune que ses trois neveux et nièces, les fils et filles respectifs de David et Élise. Qu'importe. L'animateur est à la fois le plus heureux des pères… et des grands-pères.

« Ce sont les hasards de la vie qui ont fait d'un grand-père un jeune papa ! » confie-t-il, un rien goguenard, à *Paris Match*.

Comment croire au hasard quand Jacques Martin reconnaît volontiers que sa petite Juliette est une enfant désirée ? : « Avec ma ribambelle d'enfants, je crois avoir prouvé que j'aime la paternité, répond-il. Mais j'avoue, Céline avait envie d'un enfant. Et on n'a pas le droit de refuser un enfant à une femme. »

Voilà donc Jacques Martin en train de pouponner pour la septième fois. En la matière, il est devenu aussi pro que derrière les fourneaux. Changer une couche, donner un biberon, obtenir un rot récalcitrant, il fait tout ça en un tournemain, le sourire en plus. Néanmoins, il assure qu'à 60 ans Juliette est son dernier enfant. Une décision apparemment sans appel qui le conduit à profiter pleinement de son petit bonheur pendant la trêve estivale. En ce mois d'août, avant une rentrée qui s'annonce chargée, Jacques Martin et sa petite famille ont en effet pris leurs quartiers d'été à Tourette-sur-Loup, dans un petit coin de paradis que Céline vient de dénicher pour eux.

Après une longue carrière passée à voyager, Jacques Martin a pris la décision de se fixer pour la première fois. Il connaît parfaitement le Japon, les États-Unis, et surtout la Polynésie où, sur l'île de Huahine, les Tahitiens ont construit une maison typique qu'ils ont baptisée « faré Martin ». Amoureux du grand large, des bateaux et des hôtels de luxe, Jacques Martin a aussi envie de profiter de sa tribu, devenue nombreuse. Pour cela, rien ne vaut une grande maison. Sur la côte basque, qu'il aime tant ? Il y a longtemps pensé. Mais, pour finir, il opte pour la Provence. À Tourette-sur-Loup, où réside Paul Ceuzin, Jacques Martin sait qu'il pourra vivre en famille des vacances formidables et envisager, les pieds dans l'eau, les émissions de la rentrée.

Imaginez une maison en crépi, perchée sur une colline dominant la vallée jusqu'à la mer. À l'intérieur, tout est blanc, des murs aux plafonds. Un patio dans lequel coule une fontaine apporte une touche de fraîcheur. Le mobilier est sobre, mais joliment choisi. Quelques pièces rares sont mises en valeur, comme cette commode en citronnier, noyer et acajou achetée avec son premier cachet de comédien à Strasbourg ! Dehors, une belle piscine. Un endroit de rêve où se retrouvent les enfants de Jacques Martin, ses petits-enfants, ses amis, où personne d'autre que lui n'a le droit de faire la cuisine, David mis à part. Chaque matin, aux premières heures de l'aube encore fraîche, il descend au marché choisir les produits du terroir. Ensuite, il s'enfonce dans le village pour acheter du pain à la fleur d'oranger, une fougasse et des bugnes, avant de regagner sa villa et de s'installer aux fourneaux ouvrant sur une terrasse ombragée. Là, il compose. Pour commencer, il prépare les purées de « sa » Juliette. Pas question pour le bébé, âgé de 6 mois, d'avaler une seule cuillerée qui ne soit préparée par lui. Avec un soin jaloux, il lave les légumes, les épluche, les plonge dans une eau juste salée avant de les mouliner en purées onctueuses. Puis il passe au repas des adultes. En cette période estivale, il aime servir un plat de rougets grillés rehaussés d'un aïoli ou accommodés aux lentilles. Quant aux desserts, c'est à Céline que revient l'honneur de les préparer. Une tâche qui lui vaut les félicitations de tous, particulièrement quand elle sert un émincé de poires dont elle a le secret. Un mets si délicat que Jacques et David Martin en donneront la recette dans leur livre de cuisine…

Mais qu'on ne s'y trompe pas. Même en vacances, même près de Céline et de Juliette, même entouré de toute sa tribu, Jacques Martin ne se repose jamais vraiment. L'après-midi, il s'isole dans son bureau, dont il ferme les volets pour ne pas être distrait par la vue splendide, et se met fébrilement au travail. Il écrit des sketchs, réfléchit à l'une ou l'autre de ses émissions. Il s'interroge aussi parfois sur son avenir à la télévision. « Dimanche Martin » fonctionne toujours bien. Son contrat ne se termine qu'à la fin 1995. Mais il sait que la concurrence est rude. Il ne veut pas être pris de court. Après tout, il n'est plus si jeune. À se regarder dans le petit écran, il lui arrive de se trouver « gros et bête », selon ses propres termes. Certains pourraient bien avoir envie de prendre sa place et y parvenir.

« On se sent toujours un peu menacé dans ce métier, explique-t-il à *France-Soir,* c'est ça la course. Mais que puis-je faire contre le temps ? Rien. Je continue à faire de la télévision selon mon cœur. Une télévision qui ne mérite ni excès d'honneur ni indignité. Je n'attends rien de la télé, j'attends tout de mon travail. »

Après les belles vacances passées à Tourette-sur-Loup, dès le 4 septembre, Jacques Martin remet donc en chantier « Ainsi font, font, font ». Depuis le départ de Laurent Ruquier, l'émission lui donne du fil à retordre. Il faut absolument qu'elle égale « Le Petit Rapporteur » et « La Lorgnette ». Les sketchs doivent être ironiques et taquins, pour railler une actualité toujours plus délirante. Il faut que cela soit drôle, très drôle, sans être méchant…

18

« On s'est connu par le biais de mon émission "Vas-y fais-nous rire", sur Fun Radio. Jacques Martin a bien aimé et m'a fait entrer dans son équipe sur "Ainsi font, font, font", mais je ne trouvais pas ma place dans cet humour de chansonnier et j'ai rapidement arrêté. »

(Laurent Baffie)

Un mardi d'automne, comme chaque début de semaine pour la troupe d'« Ainsi font, font, font », tout le monde se presse au quatrième étage du théâtre de l'Empire. Dans le bureau de Jacques Martin, sous le regard de Gérard Philipe, se déroule la conférence de rédaction. Depuis peu, l'équipe d'auteurs et d'humoristes compte deux nouvelles recrues : un certain Laurent Gerra et le jeune Julien Courbet. Aujourd'hui, grâce, notamment, à son émission « Sans aucun doute », Julien Courbet est reconnu et apprécié. En redressant les torts, en réglant des centaines de différends juridiques inextricables ou en réconciliant des familles prêtes à en venir aux mains, il est devenu une sorte de juge de paix cathodique. Mais, au moment où il intègre l'équipe de Jacques Martin, il n'a que 27 ans. Un « bleu » qui, comme Laurent Ruquier avant lui, a fait de la radio. « Jacques Martin a été reçu à Sud-Radio, où je travaillais, nous dit aujourd'hui Julien Courbet. Évidemment, c'était pour tout le monde l'occasion de l'approcher et de se placer à la télé ! Xavier Guibert, qui l'interviewait, lui a demandé : “Vous ne chercheriez pas un animateur, par hasard ?” Il a répondu : “Non, je ne cherche pas d'animateur, mais je cherche des auteurs, parce que Laurent Ruquier vient de quitter ‘Ainsi font, font, font’, il nous faut des gens pour écrire les sketchs.” Xavier, bon camarade, m'a donné le tuyau… »

Sans attendre, Julien Courbet envoie illico une cassette audio contenant quelques-uns des sketchs, saynètes et autres fausses publicités dont il est l'auteur. Mais, contrairement à Laurent Ruquier, il n'a pas la chance d'être embauché tout de suite, loin de là ! Si Jacques Martin lui téléphone au bout d'une dizaine de jours, il lui dit simplement : « Vous faites des choses intéressantes, mais j'ai peur que vous ne m'ayez pas envoyé le meilleur. Vous pouvez me déposer une autre cassette ? »

« J'ai fait ce qu'il m'a demandé, dit Julien Courbet. Mais il m'a rappelé pour me dire que celle-là ne lui convenait pas non plus. Ça a duré deux ou trois mois. Je lui envoyais une ou deux cassettes par semaine, mais ça n'allait jamais ! Au bout d'un moment, j'en ai eu assez, et je lui ai dit : “On va arrêter là, ça suffit !” À ma grande surprise, il m'a répondu : “Bon, OK. Montez me voir”… »

Un aller sans retour. Après son entretien avec le capitaine de l'Empire, Julien est embauché pour la rentrée de septembre. Pour lui, comme pour ceux qui travaillent avec Jacques Martin sur « Ainsi font, font, font », une sorte d'enfer, pavé de bonnes intentions, commence…

« À chaque fois que la conférence de rédaction du mardi commençait, se souvient Julien Courbet,

Virginie Lemoine, Jacques Ramade et moi, on était dans nos petits souliers. Moi en particulier ! On devait se lever chacun notre tour et lire nos sketchs en y mettant le ton. À cette époque, j'étais très introverti, et j'avais du mal à me lâcher, surtout devant un homme aussi impressionnant que Jacques Martin. J'ai donc demandé à Virginie et à Jacques Ramade de lire mes textes. Mais Martin en a déduit que je n'avais rien fait, et il l'a très mal pris. Il a même décidé de me virer. »

Heureusement pour Julien Courbet, l'assistante de l'animateur, présente lors de la scène, intervient : « Julien, lui dit-elle crûment, il faut que tu ailles au charbon toi-même. Lis tes trucs, sinon, tu vas dégager pour de bon... »

« À partir de là, explique Julien Courbet, j'ai pris sur moi, et j'y suis allé franco. Les neuf mois qui ont suivi ont été fantastiques, parce que Jacques Martin, rassuré, m'a pris sous son aile, et m'a vraiment aidé à donner le meilleur de moi-même. » Malgré cette amitié, il est difficile de travailler avec « un écorché vif qui flirte avec l'excellence et recherche toujours le meilleur et l'inaccessible », nous dit encore Julien Courbet. Ni les conférences du mardi, au cours desquelles il faut faire preuve d'un incroyable bagout, ni les enregistrements du jeudi ne se passent dans l'allégresse.

« Parfois, j'en ai pleuré. Il fallait que tout arrive tout de suite. Au cours de réunions préalables, on décidait du matériel nécessaire à l'enregistrement. Un vélo, une machine à café... Mais, à la dernière minute, Jacques Martin avait évidemment besoin de dix autres accessoires. Il disait : "Il me faut ça." On l'avait. Mais dans la cave de l'Empire. Le temps d'aller le chercher – allez ! cinq minutes maxi –, et il hurlait déjà : "Tout le monde fait un travail de merde, on ne me respecte pas !" Imaginez Jacques Martin en train de hurler dans le micro dans un théâtre vide, avec des haut-parleurs branchés. Il faisait un boucan du diable. Et nous, on était là, face à lui… On n'osait pas parler, pas bouger. On attendait qu'il se calme. Parfois, c'était le cas. D'autres fois, il enrageait encore plus. Je l'ai vu jeter un micro par terre, tellement il était énervé ! »

Chaque jeudi, la scène se répète. En début d'après-midi, Jacques Martin s'apprête à enregistrer un nouvel épisode d'« Ainsi font, font, font ». À peine franchies les portes du théâtre de l'Empire, ses éclats de voix déferlent sur la salle encore vide. Dans cette salle que les journalistes d'alors comparent souvent à un paquebot, le capitaine Martin tempête une fois de plus contre son équipage. Il crie ses ordres plus qu'il ne les dicte, et personne ne moufte. Comme l'explique gentiment Jacqueline, son habilleuse, « il est très directif, il s'énerve beaucoup, mais il a bon fond ». Les cent quarante personnes qui travaillent pour lui sont d'accord sur ce point. Julien Courbet aussi. Tous savent qu'il n'y a qu'une chose à faire : attendre tête basse que la tempête s'éloigne.

« Le ciré ! Où il est mon ciré jaune ? » crie Jacques Martin.

L'habilleuse se précipite, le ciré en question entre les mains. Il s'en saisit, l'enfile vivement. Le voilà prêt à enregistrer un sketch égratignant le navigateur Marc Pajot. Son équipe derrière lui, il entonne avec vigueur une chanson édifiante : « On a l'air d'un charlot même quand on possède un bateau… »

En régie, le réalisateur Dick Sanders est aux commandes. C'est lui qui va devoir monter l'émission. Lui qui décide si les prises de vues sont bonnes ou pas. Seul maître à bord face à un capitaine en ciré jaune qui, la chanson terminée, se tourne vers la régie.

— C'est bon ? demande Martin.
— Non, répond Sanders. On la refait.
Soupir de l'animateur.
— Allez, dit-il. On y va.
Et de réentonner : « On a l'air d'un charlot même quand on possède un bateau... »
Silence.
— Ça va ? demande Jacques Martin à Dick Sanders pour la deuxième fois.
— Non c'est pas bon. On la refait...
— Encore ?
Martin fait la moue, plisse les yeux. Il va se fâcher, c'est sûr. Derrière lui, l'équipe se renfrogne. S'il pique une colère, il y en a pour des heures. Mais non. Pour finir, Martin aspire une grande goulée d'air. Et il fait signe que c'est reparti, pour la troisième fois. Au fond, Jacques Martin sait, le cas échéant, se plier à l'autorité. Lui si perfectionniste aime que les autres le soient aussi ! Alors, même s'il enrage, il obéit à Dick Sanders...
« Jacques Martin m'a appris le professionnalisme, conclut Julien Courbet. Et même si c'était une sorte d'extraterrestre capable de se mettre à nous lire la Bible ou à nous faire un exposé sur le dalaï-lama en pleine réunion, il a été quelqu'un de très important pour moi. À la fin de notre collaboration, je crois qu'il avait pris conscience qu'il allait devoir un jour passer la main, et qu'il cherchait quelqu'un capable de le remplacer. Il avait pensé à moi pour ça. Un jour, il m'a dit : "Voilà, un jour, je prendrai ma retraite. Je voudrais continuer ce métier en tant que producteur, et j'aimerais bien que tu prennes la relève." Heureusement ou malheureusement, je n'ai pas mesuré tout de suite l'importance de ces mots. Et je suis parti, pour devenir comédien... »

Laurent Ruquier, Laurent Gerra et Julien Courbet quittent le navire ? Qu'à cela ne tienne. Le Pygmalion qu'est Jacques Martin leur trouve des successeurs. Découvreur de talents, il est chaque fois plus fier de les présenter à la presse : « Il y a Jean-François Didelot, un dialoguiste qui excelle à camper des personnages de voyous, disait-il dans *France-Soir.* Noël Hardy, venu me voir quand il était facteur. Un vrai facteur ! Il m'a tellement touché en me montrant les textes invraisemblables qu'il écrivait que je l'ai gardé. Olivier Laubacher, un ancien dentiste qui s'ennuyait devant son fauteuil et a préféré travailler face au public. Michel Samissoff, l'homme à tout faire de l'équipe. Frédéric Zeitoun, handicapé, un garçon qui se déplace en petite voiture. Un génie de la parodie musicale ! Et Muriel Montossey, la femme indispensable, car ses mensurations et sa façon de parler en font l'éternelle vamp... » Professionnel et paternaliste, Jacques Martin couve ses nouvelles recrues pour les mener vers le succès... de son émission.

Mars 1995. Une fois de plus, le générique de « Dimanche Martin » s'affiche sur les écrans. Une fois encore, l'animateur ouvre l'antenne avec un tonitruant « Bonjour, bon dimanche [...] sous vos applaudissements » avant d'énumérer le sommaire de son après-midi télévisé. Aujourd'hui, sur le plateau, il y a deux stars internationales : Elton John et Stevie Wonder. Une bien belle affiche, qui, c'est sûr, fera monter l'audimat. Tous les lundis matin, lorsque les chiffres tombent sur son fax, Jacques Martin trace les courbes d'audience de la saison. « On dirait une carte de navigation », plaisante-t-il. Jusqu'à présent, la mer était calme, mais en cette fin d'année 1995, on aborde une zone de tempêtes...

19

« J'espère ne pas mourir en saison
et ne pas partir trop tôt. »

(Jacques Martin, 1995)

En apparence, tout va bien. À la télévision, les apparences sont hélas souvent trompeuses. Voilà vingt et un ans maintenant que Jacques Martin règne sur les dimanches après-midi des Français. Vingt et un ans qu'il les fait rire, les émeut, les enchante. Vingt et un ans que le public fait le siège du théâtre de l'Empire deux jours par semaine. Aujourd'hui l'animateur, parti de rien, est à lui seul une institution télévisuelle. Un empereur indétrônable, dit-on. Pourtant, incroyable mais vrai, la vingt et unième saison qui s'annonce pourrait bien être « celle de trop ».

À l'approche de l'an 2000, le paysage audiovisuel français bouge imperceptiblement. Les dirigeants de chaînes jouent aux chaises musicales et les productions tremblent. Sans exception. La société Jacques Martin productions n'est pas épargnée, obligeant l'animateur à sacrifier « Ainsi font, font, font », l'émission satirique dans laquelle il avait placé tant d'espoirs. « Il a fallu faire des réductions de budget, explique-t-il. D'un commun accord avec France 2, nous avons décidé de raccourcir “Dimanche Martin” de trente-cinq minutes. On laisse tomber “Ainsi font, font, font” pour un an. »

En prononçant ces mots, l'animateur fait bonne figure. Comment pourrait-il se permettre de montrer de l'aigreur ou de l'abattement alors qu'il vient de renouveler son contrat pour deux ans ? Dans la presse, il assure que son métier le passionne toujours autant. Malgré tout, l'homme est ébranlé. Comme s'il savait que son émission satirique ne ressortira jamais du « placard ». Comme s'il se doutait que, parmi les dirigeants de France 2, certains attendent patiemment qu'il « explose en vol ».

Partout la rumeur court que Jacques Martin ne sait plus se renouveler. Or, un concurrent féroce arrive sur « sa » chaîne, en la personne de Patrick Sébastien.

Se doute-t-il alors que ses ennuis ne font que commencer ?

Et ce n'est pas tout. En cet automne 1996, un scandale couve. Le député Alain Griotteray, rapporteur de la Commission des finances de l'audiovisuel public, publie un rapport qui fait l'effet d'une bombe. Grâce à lui, la France endormie découvre le montant des sommes versées aux animateurs-producteurs de France Télévisions. La presse révèle les appointements des producteurs vedette, qui paraissent pharaoniques au lecteur moyen. « Les revenus de Jacques Martin ont été de 32,6 millions de francs pour 1995. Derrière Jean-Luc Delarue, toujours en tête avec 48,2 millions », peut-on lire alors. 32,6 millions de francs ! Volontairement ambigus, les journalistes ne précisent rien d'autre. Naïvement, beaucoup croient que cette somme exorbitante va directement dans le portefeuille de l'animateur. En réalité, elle représente le prix que paye France 2 pour un dimanche après-midi d'émissions, soit pour trois heures et demie d'antenne chaque semaine pendant un an. Ce « détail » mis à part, Jacques Martin n'en a pas fini avec les attaques. Alain Griotteray ajoute dans une interview : « La société de production de Jacques Martin est la plus opaque de toutes les sociétés d'animateurs, puisqu'il s'agit d'une société en nom collectif (SNC), formule qui permet de ne pas déposer ses comptes au greffe du tribunal de commerce. Les comptes de cette entreprise ont toutefois été communiqués à la mission d'audit, et je dois avouer ma stupeur devant l'ampleur de la marge dégagée qui dépasse toutes les autres en valeur absolue comme en proportion. » Si l'élu s'en prend également aux contrats mirobolants des autres animateurs-producteurs, Jacques Martin a la désagréable impression d'être la tête de Turc du député. Un statut dont il se serait bien passé, mais contre lequel il lui faut réagir. Avec son énergie habituelle, il répond aux attaques par voie de presse. Il se défend, argumente, ironise mais on ne le croit qu'à moitié. « Médisez, médisez, il en restera toujours quelque chose », dit le proverbe. Pour être affaibli, Jacques Martin n'en conserve pas moins son ressort coutumier. À la demande d'une chaîne qui souhaite du « neuf », il se remet au travail pour faire taire la rumeur. Enfermé dans son bureau, téléphone coupé, il griffonne pendant des heures. Que faire ? Un jeu, des variétés, de la culture, de l'humour ? Il a déjà fait tout ça… Et s'il donnait sa chance aux jeunes ? C'est de cette idée que naît « Sous vos applaudissements » : « Cette émission s'adresse à des jeunes gens de 18 à 26 ans, dit-il. Je leur propose de venir concourir sur le plateau pour devenir animateur de télévision. Chaque semaine, des candidats seront sélectionnés et reviendront au cours de l'année en quarts de finale, en demi-finales… Avec, au bout, pour le vainqueur, un contrat de présentateur d'un an sur France 2. » Une fois encore, Jacques Martin prouve son génie. On le dit fini ? Peut-être, mais alors c'est lui qui trouvera son successeur. Son émission aura valeur de casting géant et, comme il ne manque pas d'humour, il la baptise « Sous vos applaudissements », de cette phrase qu'il répète chaque dimanche depuis vingt et un ans et dont les imitateurs se servent pour le pasticher.

L'idée est excellente. Sa réalisation le sera également. Mais, à la veille de la première, Jacques Martin est inquiet. Combien de fois tout au long de sa carrière a-t-il eu le sentiment de jouer son va-tout ? Des centaines. Mais cette fois, comme il le confie à un journaliste du *Parisien,* ce sentiment est exacerbé : « Mon avenir dépendra beaucoup du succès de "Sous vos applaudissements". Vous savez, la télé, c'est devenu le tir aux pigeons… » Sent-il, au milieu de cette jungle qu'est devenue la télévision française, que cette émission va être sa dernière création ? Quoi qu'il en soit, en 1995, Jacques Martin a peur, même s'il garde l'antenne. Mais comme tous les dimanches depuis près d'un quart de siècle, il ouvre tout de même, à la France entière, les portes du théâtre de l'Empire. Peut-être est-il seulement devenu plus perfectionniste, puisque, avant l'arrivée des spectateurs, il vérifie lui-même que les programmes sont prêts, que les toilettes sont propres et que les sièges tiennent bien. Puis il regagne sa loge, qui a été celle de Maurice Chevalier, et attend, en chantonnant, l'heure de l'enregistrement. Il se concentre, laisse monter en lui l'adrénaline si bénéfique à son talent. Le stress, la peur du ridicule font partie intégrante de son métier. Il les accepte sans trop les apprivoiser et, si quelqu'un a le malheur de lui dire qu'il n'a pas à s'en faire, que tout va bien se passer, il réplique aussitôt : « Ne dites jamais ça. Nous sommes superstitieux comme des vieilles chattes ! » Chaque fois que Jacques Martin s'apprête à animer une émission, c'est le comédien qui se prépare. Celui qu'il a toujours rêvé d'être a pactisé avec la télévision sans se trahir. Au théâtre, on est superstitieux, à la télévision, on le reste. Aujourd'hui encore plus qu'hier, Martin a peur d'entrer en scène. Il craint pour sa carrière même s'il sait que tout n'est pas encore terminé. Il a travaillé dur, modernisé ses émissions, et les critiques sont bonnes. Permettant à présent aux parents de monter sur scène avec leurs enfants, il a boosté « L'École des fans » qui connaît un regain de popularité. « Sous vos applaudissements » rencontre non seulement le succès auprès du public, mais aussi – cela se faisait bien plus rare – auprès de la presse : « Jacques Martin traîne à tort une réputation de ringard, écrit *France-Soir*. [...] "Sous vos applaudissements" s'affirme comme l'une des rares émissions de variétés en phase avec l'actualité artistique. D'autant que l'espace grandiose du théâtre de l'Empire soutenu par le talentueux orchestre de Robert Quibel confère à ce divertissement la dimension d'un vrai spectacle familial et fédérateur. On ne peut pas en dire autant de toutes les émissions proposées sur la chaîne. »

Autant dire que tous ceux qui voyaient Jacques Martin poussé vers la sortie se sont trompés. Il a remporté son pari : celui de durer au milieu des jeunes loups affamés. Sans doute aurait-il foulé les planches de l'Empire encore longtemps si sa vie n'avait pas basculé d'une façon aussi soudaine qu'inattendue.

22 mars 1998. Ce jour-là, Jacques Martin est seul dans son appartement de Neuilly. Céline et Juliette

sont sorties. D'ordinaire, il en profite pour lire, écrire, réfléchir. Il téléphone à ses journalistes, à son assistante, à Paul Ceuzin, son associé. Bref, il ne reste jamais sans rien faire. Mais aujourd'hui, quelque chose ne tourne pas rond. Il n'a mal nulle part, c'est vrai. Ni à la tête, ni à l'estomac, ni dans la poitrine. Mais il est un peu oppressé, il manque d'air. Rien de grave, se dit-il, un peu de fatigue sans doute. Pour chasser le malaise, il s'efforce de respirer plus fort, plus longtemps, d'emplir ses poumons d'oxygène. Il se lève, fait quelque pas, boit un verre d'eau. Rien à faire, « ça » ne passe pas. L'impression de malaise est de plus en plus forte. Qu'est-ce que c'est ? De l'hypertension, peut-être ? Depuis le temps qu'on lui dit de se ménager, d'en faire moins, de déléguer... Tous ces conseils qu'il n'a jamais suivis et qui l'ont toujours agacé. Il n'a jamais eu de souci de santé, hormis une jambe cassée, ça ne va pas commencer à 64 ans ! Aujourd'hui pourtant, il se sent différent et se décide tout de même à appeler un médecin. Inutile de prévenir Céline ou ses collaborateurs, se dit-il. Pourquoi les inquiéter pour ce qui n'est sans doute qu'une fatigue passagère ?

« Monsieur, ce n'est rien... », lui assure le médecin qui vient de l'ausculter. Tandis qu'il range son stéthoscope et son tensiomètre, l'animateur soupire de soulagement. S'il a eu un léger malaise, le rassure le praticien, il est sûrement dû au stress. Ses paramètres vitaux sont normaux. Il a un cœur de jeune homme. Pour le reste, eh bien ! qu'il se mette un peu au régime. Il aime la bonne chère, et ça se voit... Quelques mots, encore. Une poignée de main sur le pas de la porte. Le médecin est parti. Jacques Martin, lui, s'apprête à reprendre le cours normal de ses activités. Réellement soulagé.

À 15 heures, Jacques Martin tourne en rond chez lui, en essayant de se raisonner. Il éprouve de nouveau ce sentiment d'oppression qui, ce matin, l'a amené à consulter. Que doit-il faire ? Rappeler le médecin ? Que fera-t-il de plus ? Pourtant, il a chaud. Il a froid. La tête lui tourne légèrement. Une vague nausée monte à ses lèvres. Ses doigts fourmillent. Et surtout, surtout, il sent, au fond de lui, qu'il court un danger. Grave. Imminent. Alors, saisi d'une impulsion subite, l'animateur décide de se rendre à l'Hôpital américain, tout proche. Il va demander des examens au risque d'être traité d'hypocondriaque ! Au moins, il en aura le cœur net. Décision prise, Jacques Martin est en route. Il marche d'un pas lent sur les larges trottoirs de Neuilly. D'ordinaire, il aurait goûté avec volupté la promenade. Il fait si doux ! Le printemps fait éclater les bourgeons des arbres, donne au ciel une teinte azurée. Mais Jacques Martin ne voit rien. Il avance, poussé par un sentiment de nécessité impérieuse. Pas à pas, il arrive enfin devant l'hôpital, l'un des plus huppés de toute la France. Ici, on a l'assurance d'être soigné par les meilleurs médecins, opéré par les plus grands chirurgiens, et dans les plus brefs délais. Heureusement. Car à peine entré dans le hall, Jacques Martin s'écroule.

Un accident vasculaire cérébral. Voilà ce qui vient de frapper l'animateur. S'il était resté chez lui, sans doute en serait-il mort. L'une des veines de son cerveau s'est bouchée, empêchant une circulation normale. C'est grave, très grave même. Dans notre pays, chaque année, environ cent trente mille personnes sont victimes d'un tel accident et près de cinquante mille en meurent. L'AVC serait la troisième cause de décès dans l'Hexagone ! À peine les médecins ont-ils posé leur diagnostic que Jacques Martin est transporté au bloc opératoire. Il faut rétablir sans délai la circulation sanguine dans sa veine bouchée. Pour cela, les chirurgiens ne disposent que de six heures avant que les séquelles de l'AVC ne soient trop importantes, voire définitives. Tandis que Jacques Martin lutte contre la mort, le secrétariat de l'hôpital prévient Céline. La jeune femme accourt. Alertés par leur belle-mère, David et Élise, les aînés de ses enfants, se précipitent eux aussi. Frédéric et Jean-Baptiste, nés de son union avec Danièle Évenou, arrivent à leur tour. Ne manquent que ses filles, Judith, Jeanne-Marie et la petite Juliette. Elles sont encore bien trop jeunes pour vivre ces instants difficiles. Mais le reste du « clan », soudé dans une même inquiétude, fait bloc autour du patriarche. Ils restent là, ensemble dans la salle d'attente de l'hôpital, pendant des heures. Comment va Jacques ? Où les chirurgiens en sont-ils de l'intervention ? Va-t-il survivre ? Et s'il survit, aura-t-il des séquelles ? Personne, pour le moment, n'est en mesure de répondre à leurs questions. Il leur faudra patienter longtemps avant qu'enfin un chirurgien vienne les rassurer. Le malade le plus connu de France est sauvé. Mais nul ne sait encore dans quel état il va se réveiller.

23 mars. Jacques Martin sort du lourd sommeil de l'anesthésie. D'abord, il ne comprend pas où il se trouve. Pourquoi cette chambre d'hôpital, ces appareils, cette perfusion qui lui troue le bras ? Peu à peu, la mémoire lui revient. Il était chez lui. Il a eu un malaise. Le médecin appelé lui a dit que ce n'était rien. Mais, comme il se sentait de plus en plus mal, il a décidé d'aller à pied jusqu'à l'Hôpital américain. Il est entré dans le hall. Après ? Après, plus rien. Un trou noir. Lentement, avec précaution, l'animateur

tente de se redresser. Impossible. Il est trop faible. Et quelle est cette étrange sensation ? Il a l'impression que son côté droit ne répond plus. Allons. Il doit être engourdi. Il faut juste qu'il bouge un peu, ça va passer. Malgré des efforts surhumains, il lui semble que sa jambe et son bras sont en plomb. Affolé, il ouvre la bouche pour crier, et se rend compte qu'il n'a plus qu'un filet de voix...

Le désespoir. La colère. L'angoisse. Tels sont, à n'en pas douter, les sentiments qui doivent assaillir Jacques Martin quand il se découvre prisonnier de son propre corps. Impossible. C'est impossible. Il ne peut pas vivre comme ça, sans bouger, sans marcher, sans parler. Il est l'animateur préféré des Français, le mari heureux d'une jeune femme superbe, le père attentionné d'une ribambelle d'enfants qui, tous, ont besoin de lui. Son agenda est plein, il a mille choses en cours, sans oublier les enregistrements de « Dimanche Martin » ! Il est indispensable qu'il retrouve au plus vite sa mobilité et sa voix...

Malheureusement, les médecins qui entrent bientôt dans sa chambre sont formels. Au cours de l'accident vasculaire cérébral qui l'a frappé, le cerveau de Jacques Martin a souffert. Le choc qu'il a subi équivaut à celui d'un accident de voiture survenu à cent quatre-vingts kilomètres-heure. Si, par chance, les dégâts ne sont pas irrémédiables, il faut cependant qu'il se montre patient. Une longue, très longue rééducation sera nécessaire. Il ne doit pas compter être rétabli avant Noël.

Noël ? Mais c'est dans neuf mois, Noël ! Jacques Martin, atterré, prend toute la mesure du malheur qui vient de le frapper. Pendant quelques heures, silencieux, le regard fixé sur les bourgeons des arbres qui bordent l'avenue de l'hôpital, il se demande comment il a pu en arriver là. La réponse, il la connaît, même si elle ne lui plaît guère. Il vient d'être victime de sa propre négligence, voilà tout ! Combien de médecins n'a-t-il pas écoutés, quand il passait les visites annuelles imposées par la loi ? « Vous devriez vous reposer », lui disaient-ils. Ou encore : « Faites-en moins ». Quand ce n'était pas : « Pourquoi ne changeriez-vous pas de métier ? » Mais comment aurait-il pu interrompre sa carrière quand tout allait bien ? Aucun signe ne venait annoncer une quelconque maladie. En apparence. Son corps vient de lui rappeler, et avec quelle cruauté, qu'il vient de vivre trente-cinq ans de gloire, de rires, de larmes et de bonne chère, mais aussi de stress, de fatigue et d'angoisse. Le cruel paradoxe de la télévision...

Après ce réveil douloureux, sans doute Jacques Martin a-t-il été tenté de tout lâcher, de se laisser aller, peut-être même a-t-il appelé la mort de toutes ses forces. Mais tous l'ont supplié de se battre. Céline, Danièle, les enfants, ses collaborateurs. Sans compter les dizaines, les centaines d'anonymes, qui lui adressent chaque jour leurs vœux de prompt rétablissement. Alors, pour tous ceux qui l'aiment, Martin décide de ne pas abdiquer. Se met à travailler son corps, lui qui, de son propre aveu, n'a jamais pris le temps de faire de gymnastique ! La lutte qu'il mène est terrible. Chaque jour, pendant plusieurs heures, l'homme-orchestre de la télévision française qui, depuis plus de trois décennies, fait rire, chanter et danser la France, multiplie les exercices physiques douloureux. Sans grand résultat, pense-t-il. Un cauchemar !

Pourtant, un jour après l'autre, il gagne du terrain. D'abord, on le débarrasse de sa perfusion, de ses sondes. Il parvient à s'alimenter seul et à manger autre chose que de la purée. Il retrouve la mobilité de ses doigts : le pouce, l'index, le majeur. Sa cheville tourne. Avec l'aide des infirmières, il s'assied. Une vraie étape. Assis, tout change. Le monde est de nouveau presque normal. Il parle. Même si sa lèvre supérieure n'a pas retrouvé son entière mobilité. Puis, victoire ! il parvient à se lever. À se tenir debout. Les médecins avaient raison. Tout n'est décidément pas perdu. À Noël, il pourra recommencer à mener une vie normale. Ne vient-on pas de l'autoriser à quitter l'hôpital et à regagner son domicile ? Là-bas, entouré de Céline, de tous ses enfants, il va multiplier les efforts pour dominer ce corps qui se dérobe encore. Il fait le pari de redevenir le Jacques Martin qu'il était avant l'accident.

20

« Mon métier s'est arrêté comme ça,
il n'y a pas eu de pot d'adieu. »

(Jacques Martin, 1999)

21 juin 1998. Trois mois ont passé. En regardant Jean-Claude Brialy – son ami et remplaçant depuis son accident – prendre l'antenne ce dimanche à 13 h 30 sur France 2, Jacques Martin a la gorge serrée. Cloué au lit à son domicile de Neuilly-sur-Seine, c'est en téléspectateur convalescent qu'il assiste, impuissant, à ce qu'il sait être le tout dernier numéro de « Dimanche Martin ». Après des années de travail acharné pour sortir de l'ombre, il n'aura suffi que de quelques secondes pour que le rideau tombe, pense-t-il devant son écran de télévision. Car ce qui a été un accident tragique pour lui se trouve être une aubaine pour les dirigeants de France 2, qui attendaient l'occasion de tourner définitivement la page du dimanche de leur programme télé. En effet, face à l'incapacité de leur animateur-vedette à reprendre l'antenne et voyant l'échéance du contrat de « Dimanche Martin » arriver, France 2 a décidé de ne pas le renouveler pour 1999 !

Le prétexte invoqué n'est pas tant la maladie qu'une succession de chiffres. L'émission coûte trop cher : 3,2 millions de francs, près d'un demi-million d'euros, pour trois heures et demie d'antenne. Le salaire de Jacques Martin est trop important. Et, pour couronner le tout, son audience habituelle – 30 % de parts de marché – s'effrite d'année en année face à TF1. Bref, il faut mettre la clé sous la porte ! En ce premier jour de l'été 1998, Jacques Martin voit donc s'écrouler l'empire qu'il a bâti de ses mains. Contraint et forcé, il quitte définitivement la grille des programmes de la télévision française. Une révolution pour tous ceux, jeunes et moins jeunes qui, jusque-là, ne pouvaient concevoir un dimanche pluvieux sans « L'École des fans », « Le monde est à vous », « Incroyable mais vrai », « Ainsi font, font, font » ou, plus récemment, « Sous vos applaudissements ».

« Jacques, je sais que tu nous regardes. Je te souhaite un très bon anniversaire ! » L'émission touche à sa fin. Face à la caméra, Jean-Claude Brialy, ému, s'empare du micro. Il n'a pas oublié que, le lendemain, Jacques Martin fête ses 65 ans. Il tient à le lui souhaiter devant des millions de téléspectateurs. Mais Martin ne tire aucune joie de cette délicate attention, bien au contraire. Elle ravive même sa rancœur et son amertume. Drôle d'anniversaire, vraiment ! Trois mois à peine après l'accident vasculaire cérébral qui l'a laissé à demi paralysé, la chaîne qui l'emploie depuis si longtemps profite de son état de santé pour lui donner un coup de couteau dans le dos. « Dimanche Martin » disparaît au profit de Michel Drucker. Depuis quelques semaines déjà, le « jeune » animateur, qui, jusque-là faisait les beaux soirs de TF1, cherche à le contacter. Mais Jacques Martin refuse de lui parler autrement que par voie de presse : « Il semble rechercher ma bénédiction, dit amèrement l'animateur. Moi, à sa place, j'aurais agi autrement, car j'ai une autre conception de la confraternité, mais je le répète, Michel Drucker est un homme honorable. »

Quand un journaliste du *Parisien* lui fait remarquer que Drucker a eu l'élégance de lui envoyer une boîte de chocolats, Jacques Martin réplique, cinglant : « Envoyer des chocolats à un diabétique, c'est pas ce qu'il y a de mieux et surtout quand c'est des "Mon chéri". Il y a aussi un bureau de tabac en bas de chez moi ! »

L'acidité de ses propos est le reflet de son désespoir. Il s'est donné tant de mal pour « récupérer » toute sa mobilité, il a tant espéré ! Quelques mois de plus, et lui, le comédien blessé, aurait pu remonter sur scène. Il a rêvé de ce retour, il s'est vu des dizaines, des centaines de fois entrer dans la salle du théâtre de l'Empire, se placer dans la lumière et fermer les yeux sous les applaudissements de « son » public. Au lieu de quoi, il a été purement et simplement évincé. Lui qui a conquis la France à 25 ans !

Comme toujours après l'abattement, Jacques Martin se relève. Après un combat contre son corps, il va se battre contre la trahison. Sa meilleure arme depuis toujours : la presse ! Alors il décide de révéler comment et pourquoi il a été trahi. On le dit mourant ? On assure qu'il ne peut plus prononcer trois mots ? Eh bien, il va multiplier les interviews et prouver, si besoin était, qu'il existe encore !... « France 2 m'a traité comme un chien ! » dit-il au *Figaro*. Et d'ajouter, dans *Paris Match* : « Pour me faire quitter la chaîne, fallait-il dire : "Il est vieux, usé, malade" alors que j'allais encore très bien ? »

Les phrases assassines se succèdent, mais ce n'est pas suffisant. Jacques Martin s'invite également à la radio. « L'important, quand on est tombé comme au Monopoly dans la case prison où je suis actuellement, dit-il au micro de Thierry Demaizière, c'est d'en sortir. [...] J'ai pas été viré de la télé. J'ai été tué. Et j'en voudrai toute ma vie à M. Cottet [alors directeur général chargé de l'antenne sur France 2]. Il m'a démoli, haché menu. Mais il vaut mieux être le volé que le voleur. La seule chose que je regrette, c'est ces millions de gens qui m'aimaient bien. Alors, rien que pour eux, je reviendrai peut-être, je referai de la télé. Mais peut-être alors ne voudront-ils plus de moi ? » À en juger par les sacs de courrier qui s'entassent au théâtre de l'Empire, c'est peu probable. De toute la France, des milliers de lettres arrivent quotidiennement pour dire à l'ex-animateur vedette de France 2 « Merci », « On vous aime », « Bon rétablissement » et « Revenez vite ! ». Toutes ces missives lui vont droit au cœur. Elles sont pour lui la preuve que son émission faisait partie intégrante de la vie des téléspectateurs. Cette chaleur, cette amitié consolent un peu Jacques Martin. Bien sûr, il trouve aussi du réconfort auprès de son clan qui, comme toujours dans le malheur, fait front et se soude autour du patriarche. Céline est là, présente, aimante. Danièle Évenou et ses enfants multiplient les visites. David et sa sœur Élise passent le plus souvent possible à Neuilly. Le dimanche, en présence de ses cinq petits-enfants, on se réunit à l'heure du déjeuner pour tenter, à force de gentillesse, de faire oublier à l'animateur qu'à cette heure, il y a peu, il prenait l'antenne. Puis, pour lui redonner définitivement le sourire, Céline décide de l'emmener au bout du monde.

« Mesdames et messieurs, nous venons d'atterrir à Mahé. Le commandant de bord et tout l'équipage espèrent que vous avez fait bon voyage et vous souhaitent un agréable séjour. La température extérieure est de 28 °C. Bonnes vacances ! »

Les Seychelles. Un chapelet d'îles pour la plupart désertes, aux plages de sable blanc, à la végétation luxuriante. Ici, Céline en est sûre, son mari va retrouver le goût de vivre. Il n'y a ni télévision, ni radio, ni journaux. Juste quelques hôtels dont les chambres donnent sur l'eau. Oublié Neuilly, oubliés la France et tous leurs soucis. Il n'y a plus qu'eux et leur amour qui, malgré la maladie et le chagrin, est encore vivace. Si vivace d'ailleurs qu'entre eux, comme le dira joliment Martin plus tard, se passe à nouveau « ce qui se passe normalement dans un couple ».

« Comme ma femme était sûre que plus rien de ce genre ne pouvait arriver, dira Jacques Martin, elle avait cessé de prendre la pilule. Quand elle m'a annoncé qu'elle était enceinte, je me suis dit : “Elle n'a pas pu me tromper, on ne s'est pas quittés et, de toute façon, on n'était que deux sur cette île !” »

De fait. Jacques Martin va être papa... pour la huitième fois ! Une belle, une incroyable revanche sur la maladie qui l'a frappé. Un pied de nez à tous ceux qui le voyaient déjà mort et enterré ! Tout au long de la grossesse, il comble Céline d'attentions. Il multiplie, aussi, les rendez-vous avec ses anciens collaborateurs. Jacques Martin revit et, bien sûr, veut refaire de la télé ! Sur son bureau, dix projets s'entassent. Avec une ardeur renouvelée il poursuit sa rééducation. Pas question que cet enfant à venir ait un papa amoindri. Il en fait le serment.

24 novembre 1999. Une fois encore, Jacques Martin emmène la femme qui partage sa vie à la maternité. Comme les autres fois, il est agité, fébrile, heureux. À le voir tourner en rond dans la salle d'attente tandis que Céline remplit les formulaires d'admission, on le croirait devenir père pour la première fois. Peut-on

jamais s'habituer à cet instant magique ? « Après sept enfants, la venue au monde est toujours pour moi une chose mystérieuse », disait-il après la naissance de Juliette. Dans la salle de travail, Céline, sous péridurale, rit et plaisante avec les infirmières. Son mari, debout, fait les cent pas. Il est tellement impatient ! Et ce bébé qui tarde à venir… Tout va bien, évidemment. Mais quand même. Il est long à pointer le bout du museau, celui-là. Car l'échographie lui a appris que l'enfant à naître serait un fils. Il s'appellera Clovis, parce que c'est un nom héroïque et bien français. « Je ne l'ai pas choisi par chauvinisme mais par amour du pays ! » disait l'heureux papa. Puis Clovis Martin, ça sonne bien…

« Le voilà ! » Cette fois, la naissance est imminente. Comme les fois précédentes, Jacques Martin quitte la salle d'accouchement sur la pointe des pieds. Pudique, il ne veut pas être là au moment crucial. Quand il entre à nouveau, Céline, radieuse, tient son bébé serré contre elle. Jacques Martin avance, se penche, embrasse le nouveau-né. Comment être plus heureux ? La naissance de cet enfant tient du miracle, alors son père lui fait secrètement la promesse de le voir grandir. Il va se battre, rester debout, vivre au moins jusqu'aux 20 ans de son fils. Il a lui-même tant souffert d'avoir grandi sans père.

Quatre filles et quatre garçons. Quelques jours plus tard, tout le clan se réunit autour du dernier-né. La photo prise à cette occasion paraîtra dans toute la presse. Comme le témoignage d'une vie revenue… « Que pensent vos enfants de cette naissance ? » lui demande un journaliste. « Ils se marrent, répond Martin. Cela fera une personne de plus à mon enterrement et une part d'héritage en moins. »

26 bis, rue François-Ier. Cette bonne vieille adresse des quartiers chics de Paris, Jacques Martin la connaît bien. Voilà trente-sept ans maintenant que, pour la première fois, il est entré dans les locaux d'Europe 1. Quand il y pénètre à nouveau, en ce mois de janvier 2001, se souvient-il du jeune homme qu'il était ? Tout juste débarqué de Strasbourg et de son cabaret satirique, il partait, confiant, à la conquête de la capitale. Comment a-t-il parcouru le long chemin qui mène à la gloire ? Il ne sait plus. Aujourd'hui, il gravit avec difficulté les marches qui mènent aux studios. Que ressent-il en claudiquant vers le grand studio Merlin, situé au deuxième étage de la station ? Est-il reconnaissant à Laurent Ruquier de l'inviter aujourd'hui ? Le jeune auteur d'« Ainsi font, font, font » n'a pas oublié ce qu'il doit à Jacques Martin. Malgré son départ un peu soudain, le jeune chansonnier, contrairement à d'autres, lui est resté fidèle. En gage de son amitié et de sa reconnaissance, Laurent Ruquier a décidé d'offrir à Jacques Martin un premier après-midi d'antenne avec son vieux copain Jean Yanne et Maureen Dor. « J'ai été content de pouvoir lui rendre au moins 1 % de ce qu'il m'a donné, nous a confié Laurent Ruquier. Parce qu'il m'a apporté la notoriété. Il m'a mis bien en avant pendant les dix-huit mois où j'ai été avec lui. »

Une table. Quatre chaises. Des micros. Le studio Merlin est prêt. Quand il y pénètre, Jacques Martin sent une intense exaltation monter en lui. Enfin ! Il remet le pied à l'étrier. Grâce à Ruquier : « C'était un tel plaisir de l'avoir avec Jean Yanne ! se souvient l'humoriste. Ils nous ont fait un festival… »

Effectivement, les compères sont au mieux de leur forme et prennent plaisir à former, une dernière fois, leur incomparable duo. Pendant une heure et demie, ils enchaînent les bons mots, les gags, les fausses engueulades. Jacques Martin tape pêle-mêle sur les McDo, les téléphones portables et sur Philippe Bouvard, reparti sur RTL, et qu'il remplace. Il se lance dans une parodie de « L'École des fans », interviewant à sa façon inimitable Maureen Dor comme si elle avait 4 ans. Il chante une chanson d'antan intitulée *Clémentine,* et Jean Yanne s'exclame :

— À chaque fois qu'il chante, je bande !

— Bon, alors, répond Martin, hilare, je veux bien recommencer…

Pendant six mois, aux côtés de Laurent Ruquier, maître Jacques reprend du micro. Six mois de rire et l'impression de revivre malgré son handicap : « Comme l'émission était enregistrée, on la montait de façon à ne garder que les moments où il ne bafouillait pas, précise Ruquier. Mais c'était un tel plaisir d'avoir le duo ! Vraiment, ils nous ont fait hurler de rire. »

Un bonheur qui doit cependant prendre fin. Malgré la vitalité de l'animateur, la maladie gagne du terrain. L'accident vasculaire cérébral l'a fragilisé. Il marche toujours difficilement, se sert avec peine de son bras droit, son élocution est lente.

Puis l'âge le rattrape, avec son cortège de maux : diabète, hypertension… De jour en jour, de semaine en semaine, Jacques Martin décline. Son comportement s'en ressent. Il était convivial, bon vivant, disert. Il ne supporte plus de vivre en société, mange à peine, ne parle presque plus. Pire encore : il a bien du mal désormais à se déplacer seul. L'hôtel particulier de Neuilly est superbe, mais pas conçu pour un homme aussi handicapé. Trop d'escaliers à monter, peu de commodités, des toilettes et des salles de bains inadaptées. Il faudrait vendre, acheter un appartement de plain-pied. « Céline s'y est opposée, explique Danièle Évenou. Elle voulait absolument garder l'hôtel particulier, que Jacques avait mis au nom de Juliette et de Clovis. »

Alors, de guerre lasse, épuisé, Jacques Martin se résigne à quitter son domicile pour aller vivre dans un appartement médicalisé de Courbevoie.

Il n'est pas mal, dans cette résidence. Il est seulement malheureux. Toute sa vie, il a été indépendant. Aujourd'hui, il doit, pour chaque geste, solliciter l'aide d'un étranger. Tout devient difficile, tout est effort. Se lever le matin. Prendre une douche. S'habiller. Mais à quoi bon ? Enfin prêt, seul dans sa chambre, il reste assis sans rien faire. Où est passée la belle énergie qui, voilà quelques mois encore, l'animait ? Il n'a plus goût à rien. Lui qui cuisine si bien trouve la nourriture insipide. Le vin ? Il l'aimait, il lui est interdit. Quand Céline lui rend visite, il est content. Mais le temps qu'ils passent ensemble est désormais si court ! Ce qu'il préfère, ce sont les dimanches. Élise vient le chercher en fin de matinée, et l'emmène chez elle ou chez David. Là, il retrouve ses autres enfants : Frédéric, Jean-Baptiste, Judith. Jeanne-Marie et parfois même les deux petits, Juliette et Clovis. Danièle Évenou est là aussi. Fidèle. Ils partagent un bon repas. On rit. On blague. On fait des projets. Pendant quelques heures, Jacques Martin redevient lui-même. Puis il faut se lever, repartir. Retourner à Courbevoie comme les autres malades. Anonyme. Comme il doit s'en vouloir !

Le temps passe. Un mois après l'autre. Une année après l'autre. Les enfants grandissent sans lui. Jacques Martin vieillit. Voilà longtemps qu'il ne fait plus de projets. Pire encore : il se renferme sur lui-même. Il ne lit plus. Il n'écoute plus la radio. Il ne regarde plus la télévision. À quoi bon ? Il sait bien que tout a basculé le jour où la foudre l'a frappé, dans le hall de l'Hôpital américain. Sa vie, sa vraie vie a pris fin. Il est en sursis. Le comédien ne montera plus jamais sur scène…

« Mon père a aperçu l'ombre de la mort le jour où il a eu son accident vasculaire cérébral, confie la si discrète Élise à un journaliste de *Paris Match*. C'était un passionné, un homme public. Il a très mal vécu ce choc. Qu'il n'accepte plus de se montrer dans cet état, qu'il se cache, c'est une réaction normale. On essaye de le faire réagir. Mais il exprime si difficilement ses sentiments… »

Mais il y a pire encore. Le clan Martin se fissure. Céline et Élise étaient amies. Elles sortaient ensemble, prenaient le thé, allaient au cinéma. Élise a même accompagné Céline à la clinique au moment de la naissance de Juliette. Désormais, elles ne s'adressent pratiquement plus la parole. Car Élise enrage : si son père vit dans ce mouroir, c'est à cause de Céline ! Et, un jour terrible, les deux femmes en viennent même aux mains…

21

« Voir dans quel abandon médiatique on peut tomber...
Tout d'un coup on n'est plus rien.
Il faut dire les choses comme elles sont.
Ça, c'est une leçon à garder ! »

(Laurent Ruquier, 2007)

Depuis son lit, par les fenêtres toujours ouvertes de sa suite luxueuse, il peut contempler la mer et entendre le murmure apaisant des vagues. Aujourd'hui, rien ne peut le rendre plus heureux. C'est même ce qui l'a décidé, au début de cette année 2007, à quitter la chambre bien trop sinistre de la résidence médicalisée de Courbevoie pour le palace de son ami Jean-Louis Leimbacher. C'est ici, à l'hôtel du Palais de Biarritz, dans ce Sud-Ouest qu'il adore, qu'à 74 ans celui qui a été l'animateur-chansonnier préféré des Français pendant plus de trente ans, a choisi de poser pour la dernière fois ses bagages. La « villa Eugénie », un élégant palais rose bâti en 1855 sur une dune de sable par l'épouse de Napoléon III, voilà la dernière adresse qu'a souhaitée Jacques Martin, l'érudit saltimbanque, pour attendre la mort.

Neuf ans déjà que tous, petit à petit, lui tournent le dos. Sa chaîne, son théâtre, ses amis... jusqu'à Céline, son dernier amour, qui l'a quitté. Ne restent que les photos de ses huit enfants, qui ne viennent que trop rarement lui rendre visite, et le portrait de Gérard Philipe, qui le suit partout depuis toujours. Seuls Laurent Ruquier et Pierre Bonte s'inquiètent régulièrement de lui. Jacques Chancel, aussi, l'appelle. Mais tout de même. Longtemps courtisé, il est désormais presque seul. Jacques Martin l'incontournable est devenu en quelques années un malade inutile. En ce jour d'été, voilà sans doute ce qu'il se dit, amer, dans sa chambre d'hôtel.

« La dernière fois que je l'ai vu, nous confie Laurent Ruquier, ça m'a profondément choqué, d'abord parce qu'il était très amaigri et puis on avait le sentiment qu'il n'y avait plus rien qui puisse lui faire plaisir. Plus que l'état de santé, il y avait aussi le moral qui devait jouer. C'était très triste à voir. »

Pourtant, même diminué physiquement, face à ce paysage si beau, Jacques Martin ne regrette rien. S'il devait recommencer sa vie, sans doute ferait-il le même parcours. Une belle revanche sur son enfance triste et sévère, où seul le rêve permettait de s'évader. Ses rêves, il en a réalisé certains. La vie lui en a offert d'autres. Il voulait chanter, jouer la comédie, écrire, cuisiner... en y pensant, la télévision lui a permis de réunir tous ces souhaits. Autrement. En s'amusant. Oui, il peut être fier de sa vie. Une vie jalonnée de rencontres cruciales. Jacques Chancel, Pierre Tchernia, Jean Yanne et combien d'autres... Aurait-il été le même s'il ne les avait pas connus ? Et comment oublier l'incroyable équipe de joyeux lurons bourrés de talent qu'il a su réunir pour composer avec succès « Le Petit Rapporteur », « La Lorgnette » ou encore « Ainsi font, font, font » : Pierre Bonte, Pierre Desproges, Daniel Prévost, Piem, Stéphane Collaro, Gérard

Pabiot, mais aussi Laurent Gerra, Virginie Lemoine, Laurent Ruquier et même Laurent Cabrol ! Quelle époque formidable, celle où la télévision n'était pas seulement un business mais une passion. Après, bien sûr, il y a eu les émissions de « Dimanche Martin » enregistrées dans « son » théâtre. Ce théâtre de l'Empire qui a brûlé en 2005 – encore une chose chère à son cœur qui a disparu – et qui est devenu un hôtel de luxe. Chaque semaine en moyenne, plus de trois millions de téléspectateurs français se massaient devant leur poste pour « passer un bon dimanche sous vos applaudissements ! ». Qui a fait mieux depuis ? Michel Drucker, qui l'a remplacé ? Ce n'est pas sûr... Puis d'ailleurs, s'il n'avait pas été là le premier, aurait-il aussi bien réussi, celui-là ?

Puis, bien sûr, il y a sa vie d'homme. Comment ne pas sourire au souvenir de ces femmes qu'il a aimées éperdument ? Combien sont-ils à avoir eu la chance de vivre quatre fois le grand amour ? Avec Annie d'abord, morte trop vite dans des conditions tragiques, puis Danièle, la comédienne fantasque restée sa meilleure amie, avec la belle Cécilia, qui lui a percé le cœur en le quittant pour un ambitieux et enfin avec Céline, si jeune, si mûre, et finalement partie, elle aussi. Toutes des femmes merveilleuses qui ont fait de lui un mari, un amant, mais surtout le père de huit enfants extraordinaires.

Non, décidément, il ne doit rien regretter, même si aujourd'hui, dans cette chambre d'hôtel, seules les dorures qui ornent sa suite lui rappellent ses années fastes et heureuses. Après ce jour maudit de 1998, le bonheur s'en est allé. Doucement. Sournoisement. Définitivement. Mais il est fier et il l'a dit un jour, quand il était encore grand, célèbre, adulé, quand le tout-Paris se pressait à sa porte : « J'ai peut-être raté ma vie. Mais je n'ai jamais raté une émission de télé. »

Alors, que pourrait-il y avoir à regretter ?

Jacques Martin est mort le 14 septembre 2007, dans sa chambre d'hôtel de Biarritz. Il a été inhumé au cimetière de la Guillottière, à Lyon, auprès de ses parents. Les grands noms de la télévision se sont pressés à ses obsèques. Autour de lui, toutes les femmes qu'il a aimées et leurs huit enfants étaient présents.

Remerciements

Ce livre n'aurait pas pu être écrit sans les témoignages précieux de Danièle Évenou, Paul Bocuse, Dinah Faust, Laurent Cabrol, Pierre Tchernia, Robert Quibel, Georges Folgoas, Gérard Pabiot, Piem, Laurent Ruquier et Julien Courbet. Nous les remercions chaleureusement de leur gentillesse et de leur patience.

Nous avons, pour rédiger cet ouvrage, consulté la collection complète de *Télé 7 Jours*, mais aussi les différents articles publiés sur Jacques Martin dans *Le Figaro*, *Paris Match*, *Le Parisien*, *France-Soir*, *Gala*, *Ici Paris* et *France Dimanche*.

Nous avons également visionné l'intégralité des documents concernant l'animateur.

Merci à Anne-Sophie Thamié, qui nous a aidé à rechercher notre documentation.

Et merci aussi, bien sûr, à Anne Sédès, sans qui ce livre n'aurait pas vu le jour.

Cet ouvrage a été composé
par Atlant'Communication
aux Sables-d'Olonne (Vendée)

Impression réalisée sur CAMERON par

CPI
Brodard & Taupin

La Flèche (Sarthe)
en août 2008
pour le compte des Éditions de l'Archipel
département éditorial
de la S.A.R.L. Écriture-Communication

Imprimé en France
N° d'impression : 48619
Dépôt légal : septembre 2008